INVENTAIRE
V 42446

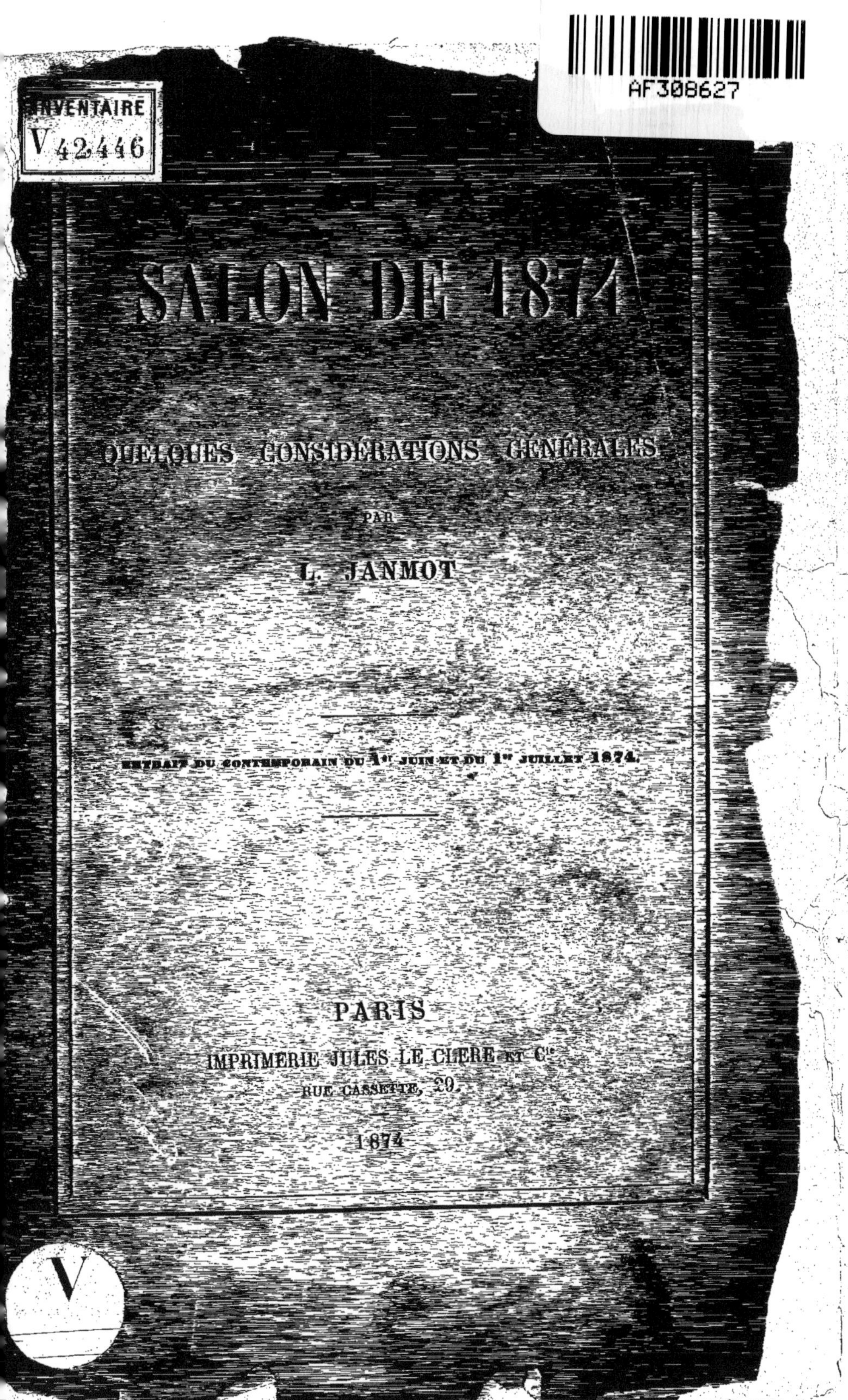

SALON DE 1874

QUELQUES CONSIDÉRATIONS GÉNÉRALES

PAR

L. JANMOT

EXTRAIT DU CONTEMPORAIN DU 1ᵉʳ JUIN ET DU 1ᵉʳ JUILLET 1874.

PARIS

IMPRIMERIE JULES LE CLERE ET Cᵢᵉ

RUE CASSETTE, 29.

1874

SALON DE 1874

QUELQUES CONSIDÉRATIONS GÉNÉRALES

PAR

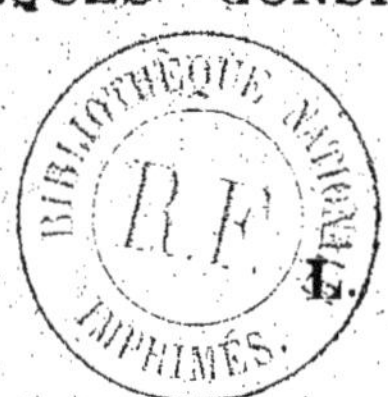

L. JANMOT

EXTRAIT DU *CONTEMPORAIN* DU 1ᵉʳ JUIN ET DU 1ᵉʳ JUILLET 1874.

PARIS

IMPRIMERIE JULES LE CLERE ET Cⁱᵉ

RUE CASSETTE, 29.

—

1874

SALON DE 1874

QUELQUES CONSIDÉRATIONS GÉNÉRALES.

Il y a un phénomène assez étrange que je remarque depuis longtemps, et qu'il n'est point hors de propos de signaler ici. Sup-
posez un certain nombre d'honnêtes gens réunis ensemble et représentant en dehors des beaux-arts telles catégories sociales
que vous voudrez. Prenons au hasard. Il y a un médecin, un
ingénieur, un jurisconsulte, un administrateur ; tous ont reçu
l'instruction ordinaire, à laquelle chacun d'eux a ajouté les études
particulières à sa spécialité. Etant honnêtes, instruits, capables
de remplir les divers postes qu'ils occupent, ils sont conserva-
teurs. Les voilà, devisant sur quelque sujet à l'ordre du jour,
le suffrage universel par exemple. Il y a tout à parier que, ne s'étant
ni rencontrés ni entendus d'avance, ils partagent tous l'opinion
suivante, savoir : que, quel que soit le nombre des gens appelés à
juger une question, et quelle que soit cette question, les plus
aptes à la résoudre sont ceux qui l'ont étudiée, et qui ont com-
plété l'étude théorique par la pratique d'un grand nombre d'années. Ils ne seront pas le moins du monde ébranlés dans cette
manière de voir lors même qu'ils seraient vaincus numérique-
ment par une majorité écrasante prise en dehors de ces conditions.
Il n'en va pas tout à fait ainsi dès l'instant qu'une question d'art

vient sur le tapis. Que les personnages supposés aient leur opinion à cet égard, rien de plus légitime, mais là où commence
l'étrange, le particulier, c'est lorsqu'ils mettent en avant cette
prétention de battre au nom du suffrage universel le musicien qui
ne partage pas leur manière de voir en musique, le peintre en
peinture, l'écrivain en œuvres littéraires, et ainsi des autres. C'est
en vain que vous invoquerez le bénéfice et les conséquences de
leur manière de voir de tout à l'heure en matière de compétence.
Oh mais, répondent ces honorables, ce n'est plus la même chose
On sait bien que les peintres, les poëtes ne sont jamais de l'avis
de tout le monde ; sont-ils seulement d'accord entre eux ? Vous
n'avez pas le temps d'insinuer que parfois aussi on surprend
quelque désaccord entre les médecins, les jurisconsultes, etc. ; car
aussitôt commence le déballage de ces vieux et lourds colis de
lieux communs passés à l'état de proverbe tant ils sont faux. « Est-
ce que ce ne sont pas (ceci doit être débité d'un ton d'autorité pé-
remptoire) les morceaux littéraires les plus fins, les plus beaux,
qui sont applaudis aux représentations des spectacles gratis ? est-
ce que les plus belles œuvres musicales n'ont pas été comprises
et accueillies avec enthousiasme dès leur première apparition ?
est-ce que ce n'est pas devant les plus belles toiles que la foule
s'arrête ? » Il en passe, et des plus mauvais. Puis de tout finit inva-
riablement par cette boutade de Voltaire, qui naturellement et
plus légitimement que personne n'en croyait pas un mot : « Celui
qui a plus d'esprit que tout le monde, c'est tout le monde. »

Il faut ajouter, pour être juste, que ceux à qui s'adresse ce genre
d'argumentation ne se font pas faute et sans plus de raison de l'em-
ployer vis-à-vis de leurs contradicteurs absolument scandalisés.
D'où il suit 1° que lorsque nous connaissons une question spécialement, nous n'accordons la possibilité de bien la juger qu'à
ceux qui l'ont étudiée et la connaissent ; 2° qu'il en va tout autrement dès l'instant qu'il s'agit d'une question que nous ne connaissons pas, parce qu'alors tout le monde devient apte à la juger.

Dans le premier cas, on est compétent parce qu'on a la connaissance ; dans le second cas, on n'a pas la connaissance, mais
on a le nombre, ce qui rend compétent et infaillible par dessus
le marché.

Tout cela à propos d'exposition ! Parfaitement ; puisque je dois
y conduire mes lecteurs, il faut bien que je prenne mes précau-
tions. Il ne m'est pas permis d'oublier ce qui est arrivé à un de

mes amis, à propos de je ne sais quelle exposition lointaine, dont il avait accepté de faire les honneurs à une personne quelconque, ni plus ni moins sotte qu'une autre. Celle-ci, ne pouvant s'expliquer que les appréciations d'un artiste de talent fussent à ce point différentes des siennes, crut à une mystification, et resta convaincue que le pari avait été fait de lui montrer comme les meilleures de l'exposition les œuvres en réalité les plus mauvaises. Avec les lecteurs habituels de cette Revue pareil danger n'est pas à craindre. J'en ai pour garant la communauté d'idées générale qui m'unit à eux, la bienveillance qui, en m'offrant ici une place, m'associe à de nobles et généreux efforts.

Pour être juste et clairvoyant vis-à-vis de l'art présent, il convient de jeter un coup d'œil sur le passé. Que mes lecteurs se rassurent, je ne remonterai pas au-delà du déluge... de Girodet. A ce moment-là et depuis bien des années, l'école de David régnait en maîtresse absolue.

Vainement la voix émue de Chateaubriand avait fait entendre des accents nouveaux, vainement dans la poésie, le roman, le drame, des aspirations libres, c'est-à-dire à la fois nationales et religieuses, se manifestaient partout, les arts plastiques semblaient endormis du sommeil de la mort; pour me servir d'un mot célèbre, tout ce qu'il y a de pire dans le mauvais semblait avoir composé le poison qui les avait stérilisés et glacés. Pathos révolutionnaire, indigne travestissement de l'histoire, interprétation grotesque de l'antiquité empaillée dans des mannequins de formes roides, et d'un ton faux, dessin prétentieux, monotone et pédant sous prétexte d'être correct, expression vide et hébétée, il ne semble pas qu'à aucune époque des sociétés humaines, il y ait jamais une négation plus intime de tout élément de beauté, une soustraction plus complète de toute espèce de sens et de vie; la fétidité du xviiie siècle, le fanatisme et le despotisme de l'époque révolutionnaire avaient abouti à ce cadavre.

Toutefois bien qu'en retard sur le mouvement général des esprits, bien que beaucoup moins hardies qu'elles ne le parurent alors, des tentatives d'indépendance se manifestaient. Prud'hon donne le signal. Les *Pestiférés de Jaffa* et diverses œuvres de Gros dénotent la préoccupation de parler aux vivants dans une autre langue que celle des morts.

Le *Naufrage de la Méduse* de Géricault montre tout à coup la distance parcourue dans une voie nouvelle; le mouvement se propage; il s'accentue en deux camps fortement tranchés, l'un sous la bannière de M. Ingres, l'autre sous celle de Delacroix; un souffle poétique et régénérateur anime cette époque mémorable. Semblables à des fils qui, chassés du toit paternel, y rentrent après un long exil et y cherchent avec d'autant plus de respect et d'ardeur les souvenirs d'un passé que le mensonge et la violence n'ont pu flétrir ni faire oublier, un grand nombre de chercheurs enthousiastes remonte aux origines nationales et chrétiennes de notre histoire. La puissante originalité du moyen âge, son inépuisable fécondité au milieu de toutes ses rudesses, reçoivent un hommage qui depuis plusieurs siècles leur était refusé et impriment quelque chose de leur propre caractère à cette période encore si rapprochée et que le contraste du présent fait paraître si lointaine. Ceux qui en ont été les témoins, ou y jouèrent un rôle se demandent ce que tant d'espérances sont devenues, et le problème suivant se pose devant eux avec toutes ses tristesses. Comment des sources qui paraissaient inépuisables, qui à peine retrouvées ont inspiré les plus belles œuvres et les plus beaux caractères de ce siècle, semblent-elles aujourd'hui et pour longtemps taries? Plus la solution est difficile, moins il est permis de se soustraire au devoir d'y répondre; pour le remplir le moins mal possible, pour être clair, qu'il me soit permis, sans quitter le terrain qui nous est propre, de rappeler en quelques mots quelles sont les conditions nécessaires à la création, à la beauté de toute œuvre, c'est-à-dire à sa vie et à sa durée.

Pour bien dire, il faut avoir quelque chose à dire : il faut être sincère, c'est-à-dire touché et convaincu soi-même, si l'on veut toucher et convaincre les autres. De plus il n'y a aucune raison, aucun prétexte pour ne pas savoir le plus parfaitement possible la langue dans laquelle on doit s'exprimer; que cette langue soit écrite ou parlée, musicale ou plastique, je ne pense pas qu'on puisse contester sérieusement la nécessité des conditions que je viens d'indiquer. Jusqu'à quel point ont-elles été remplies, de quelle façon ont-elles été enseignées, c'est ce que nous allons examiner.

Pour ce faire il convient de connaître les côtés les plus caractéristiques des deux hommes qui ont eu et ont encore l'influence la plus marquée sur l'art contemporain. M. Ingres et Eugène Delacroix, si dissemblables d'ailleurs et plus ou moins conscients de

leur rôle, battaient en brèche avec une ardeur et une conviction
égales, bien qu'avec des armes diverses, ce qui restait encore
debout de l'école de David. Leur supériorité était aussi réelle que
contestée, soit à leurs débuts, soit aujourd'hui même. Le public
ne l'a jamais admise; elle ne lui est rendue compréhensible, que
mêlée à une certaine dose de banalité qu'il trouve aisément
autour de lui à des degrés variés dans les œuvres de ses artistes
préférés; ce n'est pas une façon de dire qu'elles sont sans valeur.
M. Ingres, — il ne faut pas trop s'étonner si, contrairement à
l'usage très-légitime vis-à-vis de ceux qu'une grande notoriété
entoure, je conserve cette formule de respect en parlant de celui
dont j'ai eu l'honneur d'être l'élève, — M. Ingres formulait
carrément les principes suivants :

« Ne cherchez qu'à copier la nature ; dormez tranquilles sur
vos deux oreilles ; la nature s'est chargée de tout ; *le beau idéal
est une absurdité,* laissez-le à ceux qui font fausse route, laissez-
leur même leur nature choisie, comme ils l'appellent. Les chefs-
d'œuvre de l'antiquité et des maîtres (désignant surtout les maîtres
de l'école italienne) ont été faits avec la nature, avec des modèles
comme il y en a ici à Paris même, là, devant nos yeux. » Mais il
ajoutait comme correctif, semble-t-il : « Vous ne comprendrez la
nature qu'en étudiant les maîtres ; étudiez leurs œuvres immor-
telles, elles vous expliqueront la nature, à laquelle seule elles
doivent leur beauté ; étudiez-les sans cesse, interrogez-les, priez-
les, elles vous répondront comment elles ont été faites. » Puis il
se résumait par cette parole remarquable : « Il faut savoir trouver
le secret du beau par le vrai. » M. Ingres est le plus ancien, le plus
grand des apôtres du réalisme de ce siècle ; bien que l'application
qu'il en fait dans ses œuvres, grâce à son individualité propre, à
son vif amour des choses élevées, dépasse rarement certaines
limites, il n'en domine pas moins tout son enseignement. Sans
faire fi de la couleur, comme on l'a prétendu si souvent, il en
parlait peu, de la composition et du choix des sujets jamais.
Eclectique sur ce dernier point, on saisit cependant une préfé-
rence secrète et intime pour l'étude du nu et pour les sujets de
l'histoire grecque.

Non moins éclectique dans ce sens et non moins admirateur
des grandes œuvres de toutes les époques, Eugène Delacroix
a été beaucoup plus mêlé au mouvement des idées de son
temps. Dès son premier début, *Virgile aux enfers,* il s'est placé

et il est resté à la tête des plus grands coloristes de l'école française. Plus fécond que M. Ingres, il a produit beaucoup plus dans
une vie moins longue. La tournure shakespéarienne de son esprit
lui faisait plutôt rechercher les sujets dramatiques; toutefois son
extrême facilité de composition lui fit aborder les genres les plus
divers avec une fougue, une variété qui ne se démentent jamais.
L'antipathie absolue pour cette roideur inexorable et glacée qui
s'appelait le dessin dans l'école de David, le faisait un peu donner
dans l'exagération contraire. Je n'ai pas besoin de dire qu'en
dépit d'elle je trouve ce dessin infiniment plus beau, plus juste,
mieux dessiné en un mot que celui des automates gréco-romains de la Révolution et de l'Empire; dès qu'il exprime quelque
chose du mouvement et de la vie, il est; s'il n'en exprime rien, il
n'est pas; toutefois la couleur est le côté le plus saillant de l'œuvre
de Delacroix. « La couleur, lui ai-je entendu dire souvent, c'est
aussi clair, aussi sûr que des mathématiques. » Avec une verve et
un esprit inépuisables, il en donnait ou croyait en donner des
démonstrations d'après ses œuvres, ou sur sa palette que couvraient des tons nombreux arrangés avec soin et diatoniquement
comme les touches d'un clavier. Au reste, se fiant surtout à sa
mémoire, à son imagination ardente, il ne se servait presque
jamais du modèle vivant.

Parallèlement à ces deux écoles rivales, et s'y rattachant à des
titres divers, s'en formait une troisième à peu près disparue. Elle
avait pour but de ressusciter ce qu'elle appelait l'art religieux;
(je fais mes réserves sur cette appellation. L'art est l'art, sa première condition est de manifester le beau, et le sentiment religieux lui en fournit les motifs les plus nobles et les plus
féconds, mais ce n'est pas un autre art). Ses disciples, fidèles
jusqu'à l'extrême au mouvement anticlassique, — il faut bien se
servir de la langue de ce temps-là, — affirmaient qu'il fallait
remonter aux sources les plus reculées de l'art chrétien pour en
ressaisir et en continuer l'inspiration pure de tout élément païen.
Il y avait désaccord sur l'époque précise, mais accord sur ce
point, c'est que l'ère de la renaissance avait, malgré ses splendeurs, ouvert la porte à un art académique et déclamatoire, plus
soucieux des parties accessoires qui ne tardèrent pas à dégénérer
que de son caractère et de son but le plus élevés; bientôt disparus. Je partage tout à fait cette manière de voir quant aux résultats, mais j'aurais à en apprécier autrement les causes. Une

x autre opinion erronée fut partagée par toute cette école qu'avait
louée avec toute la chaleur de sa belle âme et de son grand
talent le si regrettable M. de Montalembert, c'est que c'était un
danger, une profanation même, que de demander à la nature
vivante, au modèle en un mot, des matériaux toujours trop vul-
gaires, trop terrestres pour représenter les personnages qu'entoure l'auréole de la sainteté ou du génie. Les œuvres de cette
école, à la tête de laquelle Overbeck semble devoir être placé,
furent nombreuses dans la période de 1835 à 1850. Elles manifestaient des tendances élevées, une connaissance réelle et pleine
de déférence vis-à-vis des grands maîtres du moyen âge; mais
une constante monotonie donnait un cachet de ressemblance à
toutes ces résurrections pâles et incomplètes que la vivacité des
bonnes intentions était impuissante à ranimer. Parfois on y voyait
la recherche et la reproduction de ces maigreurs, de ces étran-
getés, qui avaient au xiii° siècle le charme ou l'excuse de la
naïveté, mais n'accusaient plus dans le xix° que l'aberration et
un ridicule prétentieux.

Complétement exempts de cette dernière erreur et de cette
faiblesse, MM. Orsel et Flandrin s'efforcèrent de prouver que
l'inspiration religieuse ne pouvait que gagner en expression et
en force à faire appel à toutes les parties complémentaires de
l'art. Leurs œuvres sont généralement acceptées pour les plus
complètes qu'ait produites cette période de retour aux sujets
chrétiens. Des motifs de haute convenance empêchent d'insister
sur ce qu'il peut manquer d'originalité individuelle, de caractère primesautier à des œuvres d'où se dégage cependant
quelque chose de sincère et de recueilli qui, insuffisant pour
faire des prosélytes, commande au moins le respect.

On peut s'étonner aujourd'hui de l'animation qu'on mettait alors
à soutenir par la parole et par les actes les doctrines diverses dont
je viens d'esquisser quelques traits. Car de ces luttes ardentes
dont l'écho remplissait les salons et la presse et dont la masse
du public lui-même, si parfaitement indifférente à toute question
d'art, avait ressenti quelque chose, il ne reste guère plus qu'un
souvenir. Mais en y regardant de près, et en tenant compte de
certains principes fondamentaux que je n'ai fait que rappeler,
on s'étonne moins; on s'aperçoit bien vite que toutes les tentatives pour ramener les traditions d'un art fécond faisaient
fausse route, ou route incomplète. Elles s'adressaient aux qua-

lités externes pour retrouver le secret du principe caché dont
celles-ci ne sont que le vêtement extérieur; autrement dire, en ac-
cordant l'attention la plus perspicace, la plus intelligente à l'exécution des maîtres, comme couleur et comme forme, on s'est fort
peu inquiété de l'inspiration, du souffle révélateur qui les leur avait
fait chercher et trouver uniquement pour s'exprimer le mieux,
le plus complétement possible. Même erreur vis-à-vis de l'antiquité. Tant que le culte de Jupiter ne sera pas rétabli (ce serait
un grand progrès moral et intellectuel pour plusieurs), les tentatives pour reproduire des œuvres pareilles à celles qu'il a inspi-
rées tomberont misérablement, comme elles sont déjà tombées.
S'imagine-t-on Phidias ne prenant pas son art au sérieux? Cela
est si vrai que les grands artistes du XIII° siècle sont ceux qui
approchent le plus de cet incomparable génie. Ils ne cherchaient,
il est vrai, à imiter personne pour personne; convaincus de la
réalité vivante en eux et autour d'eux du but qu'ils poursui-
vaient, ils retrouvaient pour l'atteindre, et sans les chercher à
cause d'elles-mêmes, la simplicité et la grandeur antiques.
La vision de la beauté, la puissance de l'incarner, ont une
raison d'être trop profondément mêlée aux entrailles humaines
pour que la science seule, et l'éclectisme les puissent produire ou remplacer. Je sais bien qu'il y a une école de lettrés qui s'évertue à prouver le contraire, trouvant apparemment que les convictions trop fortes et trop accentuées des
artistes sont une cause de débilitation actuelle ou prochaine
pour leur talent. Mais l'histoire qu'ils torturent leur crie par
tous ses hommes de génie : Vous mentez! L'idée de Dieu,
l'idée de patrie, à laquelle se rattachent et d'où découlent les
sentiments les plus vivaces du cœur humain, les a enfantés.
L'éclectisme n'a pour fils que des rhéteurs; ces derniers recueil-
lent les exemples, les formulent en préceptes; c'est bien jusque-
là; mais où ils sont à plein dans le faux, c'est quand ils prétendent
que ces choses suffisent à créer le beau. Non, elles ne peuvent
produire que des imitations, dont on peut dire qu'elles sont non
le beau, mais à l'instar du beau : elles sont semblables à lui
comme le cuivre à l'or; le temps ne tarde pas à montrer l'infériorité du métal.

Il y a enfin une autre école que l'*idée*, quelle qu'elle soit, met
hors d'elle-même. C'est, à son dire, l'unique cause de tous les
maux du genre humain et de toutes ses laideurs. Trop bien servie

par un talent littéraire hors ligne, elle s'est fait écouter des artistes, en leur disant : Laissez donc de côté toutes les querelles et toutes les écoles. Il n'y a de vrai que l'instinct et la fantaisie, suivez-les. Puis il répétait, variant assez peu la doctrine de M. Ingres : « Il n'y a qu'une école qui ne vieillit et ne trompe jamais, c'est celle de la nature. »

Je crois en avoir assez dit pour expliquer pourquoi sur un sol plus agité à la surface que remué dans sa profondeur, nous n'avons pas vu et ne verrons pas de sitôt les fleurs et les fruits que le printemps de ce siècle paraissait annoncer. Les retours attardés et meurtriers de l'hiver de 93 ne sont pas les seuls; il en est de plusieurs siècles vécus dans le faux et dont les stigmates de stérilité se retrouvent partout là même où l'on serait le moins en droit de les chercher.

Avant de compléter ces considérations générales, il convient de rendre compte des tableaux religieux qui figurent au Salon de cette année et semblent les plus dignes. Nous jetterons ensuite un coup d'œil sur le public auquel elles s'adressent, sur la mesure et la nature de l'intérêt qu'il leur accorde, tâchant de reconnaître quelle est la réalité des obstacles qui peuvent nuire au développement de l'inspiration religieuse. Le milieu qui l'entoure est-il malsain, indifférent ou hostile, ou tout cela à la fois? Porte-t-elle en elle-même les causes de son propre épuisement. Peut-être la trouverons-nous semblable à un grand arbre qui se dessèche sur un sol aride. Les lichens, les fougus, les gibbosités difformes s'acharnent sur lui, pendant que les broussailles nombreuses qui assiégent ses pieds, en dissimulent mal la plaie béante. On devine et on mesure à sa largeur la puissante racine que la main du niveleur a retranchée. C'était pour l'élargissement ou l'alignement de la voie, pour un prétexte quelconque d'utilité publique. La tête du noble blessé toujours haute et sereine cherche l'air et la lumière. En dépit des branches mortes ou cassées, on comprend à la verdure qui la couronne encore que c'est un être qui vit, on comprend que de sa plaie guérie peuvent sortir des racines nouvelles dont l'infaillible instinct saura retrouver le sol primitif, le sol fertile dont l'a tenu séparé une main sacrilége. Alors seulement, grâce à l'action d'une sève renouvelée, débarrassé des parasites qui l'épuisaient en le défigurant, il se couvrira plus que jamais de fleurs et de fruits, et il sera considéré avec étonnement, avec une joie secrète

peut-être, par les fils de ceux qui l'avaient mutilé, mais n'avaient
pu ni l'arracher ni le détruire.

Peinture religieuse.

N° 1094, salle 16, *Saint Bruno refusant les présents de Roger
comte de Calabre*. Ce qui nous frappe tout d'abord dans cette
grande toile de M. Laurens, c'est l'individualité propre de l'auteur. On peut l'aimer plus ou moins, mais l'important c'est qu'on
en trouve une quelconque, et elle y est si bien qu'elle se voit du
premier coup. L'expression du saint et de ses religieux n'a pas
cette intensité particulière aux grandes œuvres des maîtres italiens des époques chrétiennes, mais, outre qu'elle n'était pas
absolument de mise en cette occasion, l'auteur était bien libre
de la comprendre à sa façon, pourvu que sa façon ne fût pas à
l'inverse du sujet; ce qui n'est pas le cas ici. La simplicité de la
scène est rendue plus saisissante par un effet général fortement et harmonieusement compris. Le ton est sobre et puissant,
et le dessin n'est pas laissé à l'aventure; il dit résolûment ce
qu'il veut dire. Le cloître du fond, avec son mur blanc en plein
soleil et l'autre dans l'ombre, est très-bien réussi, pittoresque-
ment parlant, mais il devient trop un personnage. On le comprend, c'est pour augmenter la valeur des premiers plans sans
avoir recours au noir; c'est possible, mais le bleu cru du ciel n'est
pas si facile à expliquer et à légitimer. Du reste, tout cela n'est
qu'un détail sans importance dans une œuvre de ce mérite.

Avec un dessin moins ferme à certains égards, une couleur
non moins belle et plus sobre encore, M. Henner occupe aussi
une place supérieure à l'exposition de cette année. Sa *Sainte Madeleine*, 909, et *le bon Samaritain*, 910, salle 13, s'emparent sans
peine de vos yeux et de votre attention, par leur ensemble large,
par un accord plein et tranquille. Vous saisissez de suite cette
parenté avec les maîtres que donne la notion des grandes lois.
Le bon Samaritain est celui des deux tableaux où ces qualités
nous semblent le plus accentuées. Pourquoi ce bout de linge
blanc, qui a l'air d'avoir été peint sur le dos du commissionnaire,
tant il est maçonné à la hâte, vient-il déparer quelque peu ce
beau corps étendu sans vie sur la terre? Cette petite négligence
ne change rien à la claire exposition du sujet, au modelé grasse-

ment souple et ferme sans lourdeur ni maigreur, qui semble s'être
réalisé sans peine sous une main savamment libre et obéissante
à la fois. La tête, pâlie par l'évanouissement qui en modère l'expression douloureuse, nous semble particulièrement réussie, sans
préjudice de l'autre personnage. Ne pourrait-on pas observer
que la sainte Magdeleine est plus endormie que sainte? Aucune loi
n'empêche de la représenter pendant son sommeil, puisqu'elle a
dû dormir; mais, outre que cette façon d'être n'a rien de plus particulier à Ste Magdeleine qu'à toute autre qui ne serait pas sainte
du tout, on a trop l'air d'avoir voulu passer à côté du sujet et de
la composition, et de n'avoir cherché qu'un prétexte plus ou
moins plausible de montrer une jeune femme à moitié nue et ha-
bilement peinte.

Le *Christ* de M. Bonnat, nᵒ 205, est plus espagnol que divin.
Plusieurs demanderont pourquoi ce qu'on admire de l'autre côté
des Pyrénées ne devrait plus s'admirer de celui-ci. Ami en deçà,
ennemi en delà, selon le mot de Pascal d'autant plus applicable
ici que l'art fait partie d'un domaine qui n'a ni limites ni fron-
tières. Il en est cependant qui s'imposent dans certaines circonstances et que M. Bonnat semble avoir méconnues. Il a la rare
fortune d'être appelé à réaliser une œuvre vivante, c'est-à-dire
faite exprès pour une place et un but déterminés. Cette place est
une des plus augustes, ce but un des plus manifestement sacrés
qui se puissent trouver. Le premier devoir d'un artiste n'est-il pas,
en pareil cas surtout, de songer à la partie morale de son œuvre
et de bien se persuader que la responsabilité qui lui incombe est
aggravée de toute la notoriété qui l'entoure? par enfin il faut bien
prendre son art au sérieux quand il figure au tribunal de la justice
humaine, et qu'il lui est demandé de rappeler au coupable que les
juges condamnent le grand et souverain juge qui pardonne. Tout
est manqué si ce coupable, si ce condamné ne peut lire sur la face
douloureuse du divin Crucifié la résignation qui accepte et qui
offre pour le salut de tous le plus affreux comme le plus immé-
rité des supplices; tout est manqué s'il ne peut lire dans ce dernier regard dirigé vers le ciel la prière et le pardon qui lui en
ouvrent les portes lorsque tout espoir lui est fermé sur la terre.
Dans ce moment de poignante angoisse, d'abandon suprême, il
s'agit bien vraiment d'un chaud coloris, d'une musculature
savante. Comment! vis-à-vis du spectateur terrifié auquel votre
œuvre s'adresse, vous n'avez pas craint sa faire un appel recherché

à toutes les subtilités de votre art pour qu'il ne restât pas une
place de cette chair agonisante qui n'ajoutât sa part d'horreur!
Au lieu de la consolation promise au condamné, c'est la vision
anticipée de son supplice qui se dresse devant lui. Tous les
efforts d'une habileté consommée vont ici à l'inverse de ce qu'on
est en droit d'en attendre. Il n'en serait pas ainsi pour une peinture banale sans signification et sans ressort; mais M. Bonnat,
et nous l'en félicitons, ne fait pas de ces peintures-là. Il a trop de
valeur, espérons-nous, pour voir dans ces réflexions que son tableau nous suggère et à d'autres aussi, autre chose qu'un témoi-
gnage de l'importance que nous attachons aux œuvres d'un de
nos confrères les plus justement illustres.

Il n'y a pas lieu de faire les mêmes observations au *David* et
Goliath de M. Delaunay. Ce sujet du reste est loin d'imposer des
conditions aussi essentiellement marquées. A un sujet de cet
ordre il faut surtout quelque chose d'épique et d'apparu, pour
ainsi dire à l'auteur, et qui l'entraîne à nous faire partager l'impression particulière qu'il a ressentie. Dans ces conditions,
quel que soit le sujet, il est toujours neuf. Il a passé par une âme
humaine et il nous en apporte l'originale empreinte. Eh bien,
la raison déterminante de cette peinture et du choix du sujet nous
semble avoir été moins celle que nous venons de dire que le
désir de placer une figure bien exécutée. Cette exécution est
ferme, consciencieuse, et ne fait appel à aucun charlatanisme.
Nous retrouverions ces mêmes qualités tout à l'heure encore plus
marquées dans deux très-remarquables portraits du même auteur. En attendant, qu'il nous soit permis de regretter que Goliath
paraisse plutôt dissimulé que couvert par sa draperie. Point
de sang trop apparent, tant mieux, mais pas assez de cette impression que rend si bien le vers de Virgile quand il décrit Cerbère
étendu dans son antre :

. . . . . immania terga resolvit
Fusus humi, totoque ingens extenditur antro.

Avec des qualités techniques moins marquées, M. Roux nous
semble entrer plus avant dans l'esprit d'un sujet difficile. Son
tableau n° 1605 nous montre *Saint Vincent de Paul recevant
l'extrême-onction*. Il y a mieux qu'une convenance parfaite dans
la façon dont la scène est représentée. On voit rayonner sur le
visage du mourant quelque chose de la beauté intérieure que les

assistants contemplent avec une attention recueillie. Il serait
bon toutefois que le tout fût animé par une manière de peindre
moins uniforme. Le fond est intéressant, mais les petits anges
rosés dans le rayon jaune ne le sont pas assez. Étant donné un
grand espace en hauteur à occuper, n'était-ce pas l'occasion de
faire reconnaître dans cette vision anticipée du ciel une allusion
plus vive à l'œuvre touchante que put seule concevoir et réaliser
une des âmes les plus héroïques, un des plus grands cœurs qu'il
ait été donné aux hommes de rencontrer ici-bas?

Ce n'est pas ce côté intime qui se montre le plus dans le tableau
de M. Doré les *Martyrs chrétiens*, n° 625. Cela ne veut pas dire
qu'il n'y ait aucun intérêt, aucune poésie dans l'aspect de cette
scène de carnage, au milieu de ce vaste et sombre amphithéâtre
que le peuple bourreau a déjà déserté. Les tigres et les lions
chargés de le distraire se sont bien acquittés de leur tâche.
Entremêlés avec leurs victimes, dont les restes mutilés ensan-
glantent la terre, ils achèvent à moitié repus leur affreux festin.
Il est nuit, et par-dessus les hautes murailles brille le ciel étoilé.
De ses profondeurs sans fin se déroule et grandit en s'approchant
la cohorte des messagers célestes. Vêtus de blanc, les ailes à
demi étendues, semblables à des oiseaux divins, comme le Dante
les appelle, ils descendent et vont aborder ce lieu horrible entre
tous; puis, quand ils auront recueilli les âmes de ces vaillants
morts pour la foi, ils reprendront, d'un vol plus rapide, la route
qui les éloigne d'une terre maudite. Le sujet est émouvant et il
ravive le souvenir d'époques lointaines. Il en rappelle aussi de
plus rapprochées, dans lesquelles les bêtes fauves ont été rem-
placées par des hommes. Afin d'être mieux servis, ils ont voulu
ceux-là se servir eux-mêmes. C'est un progrès sur le peuple
romain, et sur ses mœurs trop aristocratiques. Qui donc est
encore assez difficile pour regretter cette antiquité arriérée et
magnanime? Le reproche qu'on peut faire à M. Doré, c'est que
sa manière générale d'interpréter les sujets a trop de rapports
avec le tableau final du cinquième acte d'un grand opéra. Les
trucs y ont plus de part que la pensée. C'est bien le moyen le plus
sûr d'être compris par la foule, et le plus sûrement destructeur
de l'art lui-même. Il faut l'imagination vive et fertile de M. Doré
pour montrer, en dépit d'une telle route, tant de rares qualités,
plus complètes du reste dans ses dessins que dans ses pein-
tures.

Rendons cette justice à M. Puvis de Chavannes, que ces procédés relativement faciles de flammes du Bengale, de décors de théâtre ne l'ont jamais tenté. Il est ennemi de la vulgarité jusqu'à l'étrangeté parfois ; mais cela n'empêche pas de reconnaître que si son *Charles Martel*, 1526, comme son carton 2491, comme presque toutes ses autres œuvres étaient assez avancées, assez arrêtées pour qu'on pût s'apercevoir du premier coup, par exemple, que les premiers plans sont décidément plus près du spectateur que les derniers, ce serait mieux ; l'individualité, l'élégance, la simplicité, le caractère, et c'est beaucoup tout cela, n'ont rien à perdre à s'affirmer par un rendu moins vide et plus déterminé. On a comme un soupçon que l'esprit distingué qui sait donner de telles qualités à ses œuvres, doit être assez perspicace pour s'apercevoir de celles qui leur manquent, et qu'il a bien plutôt l'air d'esquiver que de méconnaître.

Il y a trop de savoir dans le tableau de M. Humbert, 949, *la Vierge, l'enfant Jésus et S. Jean-Baptiste*, pour ne pas en tenir un compte sérieux. Mais en même temps qu'il nous suggère le désir de signaler des lacunes importantes, la nature même de ce savoir nous fait craindre que nos observations semblent manquer de l'autorité qui pourrait les rendre utiles. M. Ingres disait à propos d'une œuvre qui avait de l'analogie avec celle-ci : « Il faut bien consulter les maîtres, mais il ne faut pas en prendre une indigestion. » Malgré une exécution habile, une couleur forte et homogène, un aspect général dont l'unité nous arrête au passage, nous trouvons, en considérant attentivement ce tableau, que ce qui vient de la nature ne se voit pas assez, que ce qui vient des maîtres se voit trop, et que ce qui vient de M. Humbert ne se voit pas du tout.

Même observation à faire à M. Montchablon pour ses quatre *Évangélistes*. On y reconnaît bien la fréquentation des belles œuvres et une assez forte instruction ; mais guère autre chose. Il semble qu'il y a du bon dans le tableau de M. Ytasse, *la Consécration de Ste Geneviève*, n° 1844 salle 1. Mais le tableau est placé trop haut ; il est vrai que les figures en sont petites. Souvent il n'y a pas de raisons meilleures que celle-ci pour déterminer le placement ; il y en a même de plus mauvaises. Le *Saint Sébastien* de M. Courtat, n° 1844, montre beaucoup de savoir, torse bien peint, bon effet général ; une des femmes est par trop costumée à la façon moderne ; il n'y a pas grande sainteté au milieu de tout

cela, mais il y a beaucoup de qualités que tout le monde n'a pas.
Dans le *Martyre de S. Laurent*, 1155, de M. Lehoux, il y a d'excellentes qualités que la confusion de l'ensemble empêche de remarquer assez ; la lumière, trop partout, n'est nulle part ; c'est une
mêlée générale. Un souvenir à M. Soulacroix, dont l'esquisse 1092
ne peut guère traduire que le sens décoratif bien compris. Espé-
rons que l'auteur, guéri d'une longue maladie qui le retient à
Florence depuis deux années, en reviendra bientôt rapportant sa
copie du Pérugin de l'Académie comme digne pendant à celle de
son Christ de la villa Borghèse, que l'on est heureux de retrouver
à l'école des Beaux-Arts.

A propos du Salon de cette année comme de beaucoup d'autres,
on entend souvent faire cette réflexion : « La grande peinture s'en
va ; la peinture religieuse est de plus en plus délaissée par les
artistes, elle est morte ! » Morte ! non, pas encore ; nous venons de le
voir ; délaissée ! oui. Ceux qui parlent ainsi sont divisés en, deux
catégories, une qui se réjouit, l'autre qui regrette. Ceux de la
première sont parfaitement logiques : ils n'éprouvent aucun goût
à voir se multiplier la représentation des idées qu'ils désapprou-
vent. Mauvaise comme art, disent-ils, elle est inutile ; belle, elle
est une prédication qui ne nous plaît pas ; ils combattent ce qu'ils
détestent et favorisent ce qu'ils aiment. Nul n'a le droit de s'étonner ou de les blâmer, puisqu'ils agissent comme ils pensent ; on
est libre à son tour de désapprouver cette pensée. Mais, cela ne
suffisant pas en général pour convertir les gens, il faut, si l'on
tient à la sienne, ou se mettre avec ceux qui la défendent, ou la
défendre soi-même. Il est difficile de figurer une autre attitude à
ceux qui font partie de la catégorie des regrets.

Les premiers, à la répulsion qu'ils éprouvent à voir représenter
Jésus-Christ comme le Sauveur des hommes, les saints et les martyrs comme les apôtres de la civilisation, peuvent s'imaginer de
quelle façon les seconds envisagent les tentatives de réhabilita-
tion du monde païen et les apothéoses de leurs adeptes jacobins
et athées.

Mais plus les plaintes des catholiques sont fondées, qu'il nous
soit permis de le dire, moins leur conduite à cet égard nous
semble compréhensible et logique. Je les vois bien, soit dans leurs
journaux dogmatiques, soit dans leurs journaux politiques, faire
parfois les plus pathétiques remontrances ; mais cela ne les empêche pas d'abandonner leurs troupes, parfois même de leur tirer

dessus. Il est vraiment par trop commode de tracer aux artistes des devoirs difficiles dont on se dispense aisément soi-même. Vous voulez qu'ils défendent un terrain qui vous paraît précieux, et non-seulement vous ne vous souciez en rien de leur fournir des armes, mais vous les leur ôtez. En voit-on beaucoup d'entre vous, parmi les mieux pensants et les plus rentés, venir grossir les rangs qu'ils gémissent de voir dégarnis? Vous abandonnez à l'État le soin de ces choses; à l'État qui, toujours en quête de moyens pour gouverner un pays ingouvernable, s'en fait de tout ce qu'il a sous la main, cherchant à ne mécontenter personne, et surtout ceux qu'il croit ses amis; il a bien le temps de penser aux beaux-arts et d'y distinguer quelque chose! Il n'a et ne peut avoir de criterium en ces matières. Dès lors quoi d'étonnant s'il ne se croit pas obligé d'y prendre plus d'intérêt que ses administrés! L'intérêt le plus pressant, c'est par exemple de ne pas mécontenter une municipalité rancuneuse, parce qu'on lui a résisté dans une question d'un autre ordre, c'est d'avoir l'air de goûter avec plaisir de quelque pièce montée qu'une certaine presse s'obstine à servir, etc. Mais c'est comme cela, direz-vous, que tant d'œuvres hétéroclites d'une nullité, d'une platitude reconnues, affligent partout les regards, et surtout dans les monuments publics. Sans doute, mais pour qu'il cessât d'en être ainsi, au lieu de plaintes platoniques, il faudrait modifier profondément les habitudes administratives qui dirigent ces travaux d'art. Jusqu'à ce moment, quoi qu'elles osent et quoi qu'elles fassent, il y a une réponse prête pour toutes les observations : Nous usons de notre droit et nous suivons la coutume. Si vous vous étonnez, c'est que vous ne savez pas ce que c'est que les grâces d'état. Passons-nous cette fantaisie de supposer que le Poussin et Lesueur vont frapper à la porte d'une de ces régions officielles où divers employés sont absorbés par les *grands intérêts de l'art.* « Messieurs, leur dirait le premier venu d'entre eux, il me semble avoir entendu parler de vous, et je ne doute pas qu'en écrivant vous ne puissiez obtenir une lettre d'audience et être parfaitement reçus du maître de céans; mais dans votre intérêt je ne vous conseillerais pas d'insister. Depuis le temps que vous n'êtes pas venus ici (je ne veux pas parler de nos bureaux où heureusement rien n'est changé), vous avez dû être surpris de tout ce qui s'était fait de progrès; et cependant vous étiez des hommes de savoir pour votre temps : la preuve, c'est que vous, M. Lesueur, vous êtes mort

misérable, et vous, M. Poussin, vous avez vécu à l'étranger malgré la faveur de [Louis XIII. Que deviendriez-vous aujourd'hui!
Tenez, par exemple, tout récemment une découverte vient d'être
faite. Plus elle vous surprendra, mieux vous jugerez combien vous
êtes de l'autre monde. Vous qui avez fait beaucoup de peinture
religieuse, vous vous imaginiez que, pour y acquérir quelque
valeur, il fallait avoir fait de longue main des études et des
méditations sur ce genre de sujet. Eh! mais pas du tout. Il est
prouvé que ceux-là même qui ne se connaissaient et à qui personne n'avait jamais soupçonné la moindre aptitude pour ce
genre de travaux, sont ceux qui en ont le plus; que, malgré
l'étonnement général et le leur en particulier, le seul fait d'être
choisi leur fera produire des chefs-d'œuvre. Comprenez-vous à
quel point vous seriez dépaysés? Détrompez-vous si vous pensez
trouver comme dans votre temps des grands seigneurs et des
couvents auxquels *votre genre* pouvait aller. Encore qu'ils ne vous
aient pas gâtés, ils sont remplacés par des boutiquiers enrichis,
des agents de change et des marchands de tableaux qui vous gâ-
teraient encore moins. Vous ne seriez qu'un étranger pour tout
ce monde-là et surtout pour vos confrères. Aussi, croyez-moi, si
vous voulez [continuer à garder quelque réputation, le mieux est
de continuer à être morts. »

Voyons, parlons net et sans métaphore, pour qui les artistes
doivent-ils faire de la peinture religieuse? pour les gens religieux apparemment, et si ceux-là n'en ont cure, pourquoi et
pour qui en feraient-ils? Ce qui m'étonne, ce n'est pas qu'ils en
fassent si peu, mais qu'ils en fassent encore. Faut-il donc vous
apprendre que la production d'œuvres de cette nature exige des
études plus complètes et plus longues, des dépenses décuples, et
que cependant leur valeur pécuniaire suit une marche exactement en proportion inverse? En fait d'art, je ne vois pas que
l'initiative privée prenne d'autre souci que celui de son luxe et
de ses plaisirs. Pour combler la lacune, elle s'en rapporte, si
l'État ne suffit pas, aux vendeurs du Temple. A voir la quantité
aussi complète que variée d'objets de couleurs tendres et de
haute nouveauté qui s'étalent à leurs vitrines, on n'a pas à redouter que le choix et le nombre viennent à manquer aux
besoins esthétiques et pieux des fidèles. L'assortiment des
magots est toujours au grand complet; ce mot vous offusque:
eh bien, vous avez raison, les poupées d'aujourd'hui me feraient

regretter les magots d'autrefois ; le couteau du pâtre où la gouge de l'artisan laissait dans le chêne des entailles grossières, mais on y pouvait distinguer encore quelques traces d'une foi primitive. Que distinguez-vous dans cette imagerie chargée d'emblèmes idiots et ampoulés, et en comparaison desquels les images d'Épinal sont des chefs-d'œuvre de bon sens et de goût?

Que lisez-vous sur tous ces produits frelatés d'une industrie dont le but patenté est de contribuer à l'édification des fidèles par la représentation de personnages vénérés, et dont le résultat certain est de propager, de réaliser à des millions d'exemplaires, l'idéal parfait du confiseur et du perruquier? Qu'est-ce que cette bimbloterie d'un réalisme cru et barbare, qui étale à profusion des gloires de clinquant, des poitrines ouvertes, des cœurs rouges sang flambants et percés au milieu de rayons d'ocre jaune et de plâtre doré? Ces choses sans nom en ont un : elles s'appellent des objets de piété. Elles font partie des bagages de la grande armée en carton-pâte, qui, sous ses étendards badigeonnés, poursuit son invasion triomphante. Ne trouvant pas d'obstacles, elle continuera, afin qu'il ne reste pas un oratoire, pas un foyer de famille où la sainte et intime majesté de la prière puisse trouver un abri contre le charlatanisme qui l'exploite et la laideur qui l'outrage. Allons, faites place partout à cette indécente mascarade des calomniés de la forme, des martyrisés de la couleur : à peine digne de la foire ou des coulisses, elle va *orner* nos sanctuaires, et là, sous le couvert des noms sacrés volés à l'Evangile, elle va l'insulter sur ses propres autels. Amer et navrant spectacle de voir l'art et la foi, au lieu de se grandir l'un l'autre, ne s'unir que pour se caricaturer.

Eh bien, ceux qui devraient être les plus choqués de ce scandale de tous les jours, ne paraissent pas l'être le moins du monde. Vis-à-vis d'une tentative récente qui, n'étant pas sortie de leurs rangs, devait d'autant mieux y être accueillie, je veux parler du Musée des copies, leur attitude, par tous les moyens et à tous les degrés où elle a pu se faire connaître, a été celle de l'indifférence ou de l'hostilité. Indifférents, ils n'ont pas compris ce qu'il y avait là d'à-propos, de bien jugé à leur point de vue même pour assainir l'atmosphère de l'art, pour en renouveler la séve et en régénérer les semences abâtardies. Hostiles, ils se sont plaints de la violence faite à leur délicatesse de goût, forcés qu'ils étaient

de passer devant d'informes copies pour aller visiter les œuvres
du jour. Ah! vraiment, c'est l'infériorité des copies vis-à-vis des
originaux qui vous blesse! eh bien, tenez pour certain que le côté
par où elles leur ressemblent le mieux est précisément celui qui
vous choque le plus. L'expérience en a déjà été faite quand la
copie de Sigallon du *Jugement dernier* arriva à Paris. Votre erreur, il est vrai, a pour elle l'excuse d'être celle de l'immense
majorité; à part un petit nombre d'initiés par l'éducation et le
travail, cette inébranlable majorité éprouve un instinct répulsif
pour toutes les œuvres de l'esprit, qu'elle caractérise dédai-
gneusement du nom de savantes pour la musique, de sérieuses
pour la peinture. Les visions ardentes et chastes de Giotto et de
Fiézole, la grâce et la raison souveraines de Raphaël, la rêverie
profonde de Léonard, et par-dessus tout la grandeur austère de
Michel-Ange ne la peuvent entamer. Vis-à-vis de si franches éner-
gies, ses habitudes gouailleuses sont sans emploi, rencontrant
l'affirmative partout, et pas le moindre mot pour rire nulle part;
elle reste déconcertée devant cet art viril, qui ose à ce point
se mêler de l'âme humaine, et qui de ses intimités les plus
secrètes fait surgir en pleine et chaude lumière, net et vi-
brant comme la nature, libre et fier comme la pensée, un monde
tout entier qu'elle ne soupçonnait pas. De telles conceptions,
gardant la sérénité dans l'audace, la discipline dans la force,
l'individualité toujours, ne lui paraissent pas plus compréhen-
sibles que l'écriture du temps des Pharaons. De leur sens et de
leur portée trop inaccoutumés, rien ne peut cadrer avec son
esthétique, dont le domaine entier a ces deux mots pour frontière :
arts d'agrément. Il y peut bien entrer un océan de fadeurs, de
niaiseries, de banalités plus ou moins malsaines; un atome de
poésie n'y saurait tenir.

Et d'où vient maintenant cette aberration générale? qui a ap-
pris, habitué ce peuple à penser ainsi? qui et depuis combien de
temps lui a dit que sa foi ne valait rien pour l'art ni pour la
poésie? qui lui a fait faire cette découverte que le nom des héros
de son histoire était ridicule, comparé à ceux de l'histoire grecque.
Il n'a pas pu prendre au sérieux plus que vous toute cette fripe-
rie de vieux dieux que vous vous obstinez à lui servir sous toutes
les formes et sous tous les prétextes. Il en a bien compris certains
côtés égayés, mais ceux-là ne pouvaient développer en lui l'intelligence du beau. Pour trouver quelque chose qui lui parle de sa foi

et de son pays, il a recours aux produits dont nous avons parlé
et qui lui paraissent assez gais comme cela, puisque tant d'autres s'en contentent : la logique des mots est inexorable, celui
d'arts d'agrément dont j'ai depuis longtemps essayé de faire
ressortir la justesse relative et le ridicule absolu, dit nettement,
effrontément, vis-à-vis de quelle épaisse et effroyable couche
de sots préjugés se trouve placée toute tentative d'art véritable.
Malgré ce et malgré d'autres causes de décadence que je n'ai pas
à examiner ici et qui frappent tous les yeux, il y a encore trop de
vitalité dans ce pays pour désespérer ni de l'art ni du reste.

Nous verrons, en remplissant la seconde partie de notre tâche,
que cette vitalité s'affirme par des œuvres nombreuses et remarquables ; peut-être reconnaîtrons-nous des germes précieux qui,
tout en maintenant aujourd'hui si haut notre valeur artistique,
la font pressentir, grâce à des circonstances meilleures et pos-
sibles, plus grande pour l'avenir.

II

Nous commencerons par la salle n° 1 et par ordre alphabétique,
demandant toutefois à nos lecteurs la permission de ne pas m'y
conformer absolument. Cette salle ne manque pas de tableaux
qui ont un mérite réel. Commençons par celui de M. Alma
Tadema qui a pour titre *Portraits de commande*. Pourquoi ? Je
l'ignore absolument : il est regrettable d'avoir à déchiffrer un
rébus, surtout lorsqu'il est exécuté de main de maître. J'en sais
peu capables de peindre ce beau profil de dame romaine qu'on
voit à gauche au premier plan, avec cette coiffure bizarre en
forme d'éponge qui caractérise l'époque impériale. Les mains, les
pieds avec la sandale antique scrupuleusement étudiée, tout est
parfaitement exécuté. La belle jeune fille aux cheveux roux, à la
forte cambrure que nul corset n'a déprimée, l'ouvrier qui place le
groupe en marbre noir, le Romain lui-même, quoique d'un type
avili qui le range parmi les convives de Trimalcion, les marbres, les
ornements d'architecture ; tout est fait avec un soin, une habileté,
une recherche qui défient la critique. Et après ? Après c'est en-
nuyeux. M. Alma Tadema est une des nombreuses victimes de

l'archéologie. Dans ce tableau, dans celui de la *Plaie d'Egypte*, dans tous ceux qu'il a exposés et qui ont toujours été remarqués, même talent, et même manque d'intérêt. Que les savants, les antiquaires, attachent une importance extrême à connaître quelle était précisémment la forme d'une chaise, d'une lampe, d'un poêlon à Rome ou à Memphis, et à telle époque, c'est leur affaire et ils sont dans leur rôle, rôle qui a une utilité incontestable; mais que des artistes aillent s'évertuer à leur faire concurrence, aillent s'emprisonner, s'annihiler dans le fétichisme de tel ou tel détail, mon Dieu! qu'est-ce que cette fidélité à outrance peut bien nous faire? Ils ont en leur pouvoir cette langue splendide de la forme, de la couleur, pour en revêtir des sentiments et des idées, et ils s'absorbent en des détails secondaires, ils s'arrêtent au vestibule du temple; mais entrez donc et dites-nous ce que vous avez sur le cœur. Ce n'est pas le Romain qui nous intéresse, c'est M. Alma Tadema; c'est un sentiment quelconque qui nous revient vivant d'une vie individuelle à propos de tel ou tel sujet. Dans ces conditions, quelque banal ou connu qu'il puisse être, un sujet rajeunit et nous revient nouveau à chaque épreuve frappée dans la succession des individus et des siècles.

Sans être peut-être d'une exécution aussi sûre et aussi savante, combien M. Bertrand nous intéresse davantage dans son tableau de *Roméo et Juliette!* Cette scène à jamais touchante du tombeau, ce doux et triste visage appuyé pour la dernière fois et pour toujours sur celui du bien-aimé, nous émeuvent sans effort, et feront de même pour les générations qui viendront après nous. Qu'on se rappelle ce mot d'un grand orateur : « L'amour n'a qu'un mot et il le répète toujours sans se lasser jamais. » Il en est ainsi de tout sentiment vraiment humain. Il faut regretter à un certain point de vue, qui n'est pas celui de la vente, j'en conviens, que M. Bertrand après ce bel andante exécute deux variations qui n'ont guère d'intérêt que celui de montrer un doigté fort habile. La première s'appelle *Jeune fille*, et nous montre un dos parfaitement bien rendu; la seconde s'appelle *Annucia*, et nous montre avec les mêmes qualités un profil de modèle connu.

Au fait, à quoi sert la peinture? est-elle uniquement faite pour parler à nos sens? Inutile de se donner une peine inutile. La nature s'en charge et avec une trop écrasante supériorité. La peinture est-elle faite pour parler à notre âme? Je réponds : à tous les deux, et le degré d'élévation de l'œuvre se mesure à la place comparative qu'y tiennent les deux éléments. Celle du sentiment est bien réellement la plus grande dans cette petite toile signée Mme Zetterström. La scène se passe en Suède, en Laponie où l'on voudra. C'est indifférent ; ce qui ne l'est pas, c'est la douleur de cette mère agenouillée qui sanglotte en embrassant le *berceau vide*. C'est le titre du tableau. L'aïeule, debout près de la porte ouverte, regarde avec une douleur muette s'éloigner le convoi qui emporte le pauvre petit être à jamais disparu. Passons à une impression toute autre et aussi sincèrement rendue par M. Bastien, dans son tableau de la *Chanson du printemps*. La jeune fille assise exprime bien une certaine contemplation naïve et inconsciente. Elle se laisse imprégner, sans s'en apercevoir, de cette atmosphère de printemps et de jeunesse dont le souvenir s'affirme plus tard en proportion de la réalité qui décroît. Les enfants sont peut-être moins bien réussis et le paysage un peu trop empaqueté en bloc, avec une tendance à ce sans-gêne que plusieurs veulent faire accepter, comme ils l'acceptent eux-mêmes, pour de la largeur. Le *Portrait de mon grand-père* fait preuve aussi d'une intelligence pénétrante d'un certain côté de la nature. Une étude en plein air poussée à ce point n'est pas petite affaire et elle est menée à bonne fin. Ce portrait est un des meilleurs et des plus originaux du Salon. A côté de la nature vue et comprise sous son aspect doux et tranquille, nous la voyons rendue avec une gamme plus forte, j'allais dire plus sonore, dans le *Port de pêcheurs* de M. Wahlberg. La tonalité en est puissante et superbe. C'est un de ces beaux effets du couchant qui est pour les pays du Nord comme une compensation et un privilége. Tout près de là éclate en plein soleil une scène de la moisson, par M. Veyrassat. Les *Dernières Gerbes* ont été cueillies et le haut et lourd chariot les emporte accompagné des robustes travailleurs, joyeux de trouver à la fin de leur travail un repos mérité. Tous ont quelque chose de sain, de fort, qui fait plaisir à voir. Les femmes, la dernière surtout qui donne la main à un enfant, ont une allure dont le côté agreste n'exclut pas la grâce. Qu'on m'accuse de tout ce qu'on voudra, j'apprécie plus ces moissonneurs par certains côtés que ceux tant célébrés de Léopold Robert. C'est plus vivant et plus français. La *Charrette en forêt* offre des qualités analogues, mais on y sent davantage le procédé : il ne faut pas abuser du macadam, surtout lorsqu'au lieu d'y passer le rouleau, on en enlève seulement les aspérités pour faire briller des points de lumière. M. Appian,

qui manie très-bien aussi les procédés d'exécution, en abuse maintenant moins qu'autrefois, ou même il n'en abuse pas du tout. Ses
deux marines sont d'une rare perfection, car il a le privilége de
faire de l'eau mouillée. Dans ses deux tableaux la mer est d'une
limpidité et le ciel d'une profondeur qui vous reportent tout à fait
dans ce beau climat d'où il a si bien su nous les rapporter. Peut-
être est-ce un empâtement trop visible qui donne un peu de lourdeur à cette belle et franche vue de l'océan, par M. Allougé. Il est
vrai que ce n'est plus le même effet, ni le même climat, et que le
flot est appesanti et jauni par le sable qu'il tient en suspens.

Je ne sais pas si c'est à ce genre de réflexions que se livre la
jeune Bretonne couchée sur le bord d'une falaise. Elle me fait
l'effet d'avoir une position assez incommode et, qui pis est, pas
trop gracieuse, sans penser à grand'chose. Cette toile, qui gagne-
rait à être plus petite, ne donne pas une juste idée du beau talent
de M. Breton. Pour ne pas prendre le mal de mer, retournons à
terre, sur la terre classique de la mythologie. Voyez plutôt :
voici un grand tableau, un grand travail, beaucoup de talent con-
sacrés à nous représenter un personnage que je vous donnerais
vainement à deviner entre cent mille. C'est Hylas entraîné par les
nymphes : à quoi ce sujet rime-t-il? en quoi nous intéresse-t-il?
quel rapport a-t-il avec n'importe qui et n'importe quoi ayant parmi
les humains ombre de sens et de vie? Notez bien qu'il ne s'agit pas
du talent de M. Blanchard, lequel n'est pas en question, surtout
quand on regarde sa Judith, bien qu'aussi peu Judith que possible,
et plus encore le portrait d'un jeune garçon debout et en pied qui
fait penser à Van Dyke autrement que par la coupe de ses habits et
de ses cheveux. Chose encore plus étrange, voici deux tableaux de
satyres. Celui de M. Priou est en famille, nous dit le livret : grand
bien lui fasse! En voici un autre de M. Gervais qui contemple —
contemple est une manière de parler — une femme nue, d'une couleur corrégienne : cette œuvre est, du reste, ainsi que la précé-
dente, d'une forte et habile exécution. C'est très-bien, mais y
aurait-il indiscrétion à demander de quelle façon on considère cet
art, et ceux à qui il s'adresse, pour choisir, parmi les sujets de
tous les temps et de tous les lieux, cette espèce de monstre à face
bestiale, à pied de bouc, personnification complète des laideurs et
des ordures antiques? Sauf quelques libertins sur le retour,
quelques vieux oncles sans nièces, à quelle classe de citoyens cela
peut-il bien convenir? C'est un des très-rares mythes asiatiques

dont les formes montrueuses aient échappé aux lois si rationnelles
si belles, de l'anthropomorphisme grec. Rien n'en paraît qui laisse
deviner le sens primitif et panthéiste : le seul qui lui reste est de
ceux qui le rendent plutôt apte à figurer dans un musée secret que
dans une exposition publique. Si le dieu Pan a pu servir de thème à
une des plus admirables poésies de Victor Hugo, il restera toujours
horrible dans sa forme plastique. On peut écrire bien des choses
à propos de Cybèle, la nourrice du genre humain : s'ensuit-il, si
on la peint, qu'il soit séant et heureux de la caractériser, en multi-
pliant au-dessus de deux les insignes de sa profession? Du reste,
MM. Priou et Gervais, pas plus que la plupart de leurs confrères,
ne se sont cassé la tête de tout cela : ils ont suivi sans penser à mal
les traditions de l'école. Il est bien entendu que c'est là le temple
d'Apollon; il est bien entendu que là, comme dans les colléges,
les séminaires et partout où se fait un enseignement quelconque,

> De la foi du chrétien les mystères terribles
> D'ornements égayés ne sont point susceptibles.

> Raphaël dira-t-on l'a fait avec succès!

Allons donc! qu'est-ce que cela fait. Qu'est-ce que cela fait
que des œuvres comme le *Jugement dernier*, la *Dispute du
Saint-Sacrement*, la *Cène* de Léonard, prouvent, à en crever les
yeux, qu'il y a là un élément de beauté en dehors et au-dessus
des anciens? Non, on aime mieux, après mille défaites, les aller
relancer sur leur terrain où ils restent et resteront éternellement
inatteignables, invincibles et écrasants.

Toutefois, cette lutte et ces défaites sont loin de tenter tout le
monde. Nombre d'artistes ont demandé à l'Orient des sujets un
peu plus nouveaux à traiter. Ces Turcs, ces esclaves noirs ou blancs
(les Chinois commencent à donner), plus ou moins enharnachés
d'étoffes voyantes, ou pas étoffés du tout, sont déjà bien usés.
M. Clairin n'est pas de cet avis, et il ne lui manque pas de fort
belles qualités pour bien défendre le sien. En rappelant par certains côtés E. Delacroix et son ami le regrettable Regnault, il a une
audace, une puissance de ton, qui portent loin. Les diverses tona-
lités de blanc dans l'ombre sont résolues d'une façon franche et originale; mais toujours des Turcs, comme disait le Marseillais en
arrivant à Constantinople. Des Turcs il en faut, mais rien que
des Turcs!... Je me garderai bien de m'en retourner, indigné
comme l'habitant de la Cannebière; mais je ne puis m'empêcher

de penser que, lorsqu'on a, comme M. Clairin, un si bel orchestre à sa disposition, il serait bien que cette riche succession d'accords accompagnât quelque motif, et puis, pour tout dire, il y a bien par ci par là quelques cuivres un peu criards.

Une autre tocade, mais qui sévit avec une intensité considérable, c'est celle des costumes italiens : elle a cela de bon qu'elle en gardera la forme et le souvenir alors qu'on ne pourra plus les trouver ailleurs, ce qui est déjà un fait aux trois quarts accompli. Ni à Naples, ni à Florence, ni à Rome, on ne rencontre ces beaux costumes, aussi nombreux que dans les rues de Paris. M. Bouguereau est un de ceux qui en tirent bon parti, même après M. Hébert, qui s'en est servi avec succès ; le premier de ces deux artistes justifie pleinement le dicton connu : Comme ce Monsieur est heureux, il fait tout ce qu'il veut de son pinceau. C'est vrai, il y a là une exécution facile, souple, rapide, que nul scrupule fantaisiste n'égare ou ne retouche. Mais, diront les gens, puisqu'il fait tout ce qu'il veut, pourquoi ne veut-il pas autre chose ? Mais, ô public ineffable, c'est parce qu'il n'en voit pas la nécessité, ni vous non plus. Il est content, vous êtes content, tout le monde est content, sans parler des marchands qui, tout en donnant à l'artiste les plus magnifiques revenus qu'œuvre d'art ait jamais rapportés, font très-bien leurs affaires. Madame Salles Wagner a fait deux tableaux de ce genre très-réussis. Charmant aussi le petit bonhomme qui tient sa jatte de lait et qui, ainsi qu'un portrait d'enfant mal placé, est signé Elisa Koch. Il est bien à regretter qu'un très-beau portrait du même auteur n'ait pu être exposé : l'implacable modèle a mis son veto en travers. Si j'avais un prix à donner à la meilleure figure italienne, je le donnerais volontiers à M. Comerre ; elle me semble exécutée d'une façon plus ferme et plus originale que toutes les autres. J'aime aussi beaucoup le portrait du même auteur ; il y en a beaucoup de fort bons cette année, et celui-là y tient une des meilleures places ; peinture vivante d'un ton très-fin, les mains, et surtout celle qui tient la cigarette, sont d'une exécution des plus intéressantes.

Nous retrouvons M. Delaunay avec ses deux remarquables portraits. On peut bien dire de celui de M. Legouvé, qu'il ne lui manque que la parole, et c'est bien dommage. Se figure-t-on la foule qui au bout d'un moment se presserait autour de l'illustre conférencier ? Enfin, contentons-nous de voir en nous souvenant

d'avoir entendu. Je ne connais pas l'original de l'autre portrait;
mais je suis bien sûr que cette peinture est aussi ressemblante
que possible, plutôt trop que pas assez. La ressemblance sort par
tous les pores un peu bien visibles. Le fond est apoplectique.
Quelqu'un de fort compétent, à qui je faisais admirer ces deux
toiles, répondait : Oui, très-bien, mais cependant il y a une certaine dureté. C'est à voir. Aucune par exemple dans les trois portraits de M. Cot, si ce n'est quelque peu dans l'expression de cette
belle personne blonde dont toute la pose respire la plus parfaite
distinction. Après cela quelque sévérité ne nuit pas à la grâce,
surtout en pleine exposition. La main non gantée est tout simplement une perfection. J'en dirai autant de la charmante tête
de petite fille, d'une grande pureté de ton et d'un fini qui n'est
pas commun. Très-bien aussi le portrait d'homme. Ajouterons-
nous qu'il faudrait en tout un peu plus de hardiesse, mais sans
rien perdre des autres qualités? Les deux portraits de Mme Brown
font penser aux *livres de raison* dont M. de Ribb s'est fait le pro-
pagateur et le révélateur aussi sympathique que convaincu. Si on
se figure les trouver quelque part, c'est bien entre les mains de
ces deux personnages à la physionomie bienveillante et véné-
rable. Le temps a bien pu y laisser la trace de l'expérience et
des épreuves; mais au lieu d'en altérer, elles n'en font que mieux
ressortir le trait saillant qui est celui de la bonté.

Les beaux yeux noirs de Mlle Carolus Durand, peinte par son
père, sont expressifs, et la robe brune sur le fond vert fait un
accord plein et riche. Mais, car il y a un mais, même plus d'un,
tout ceci n'est guère qu'à l'état d'ébauche. Les mains, les petits
pieds, tout est d'une indication par trop sommaire. Le toutou est
un peu drôle. L'autre portrait est également d'un ton vivant. Le
noir de la robe est réussi; les mains, d'un ton transparent et
d'une blancheur tout aristocratique. Très-bien tout cela, mais il
s'agirait de le maintenir en mettant ce qui manque, c'est-à-dire
une bonne moitié de la besogne, et pas la plus facile :

. . . . . . Hic labor, hic decus.

Entendons-nous; il ne s'agit pas d'une peinture, qui plus léchée,
plus polie, pourrait être beaucoup moins finie que celle-là, par la
raison qu'elle ne serait seulement pas commencée, mais d'une
peinture qui rappellerait plus Van Dyck que M. Manet par exemple.
L'auteur s'est bien aperçu qu'il y avait là une difficulté sérieuse :

car la femme aux cheveux rouges sur un pré bleu avec un aristoloche jaune qui veut passer devant elle, témoigne de tentatives sérieuses pour arriver à quelque chose d'achevé. Ce n'est pas tout à fait cela, et une certaine figure de M. Thirion traitant exactement le même sujet, c'est-à-dire *la rosée*, et dans le même costume, est autrement comprise et achevée, sans préjudice de sa belle *fileuse bretonne*, plus vêtue et non moins bien exécutée.

Trois portraits en pied de M. Dubuffe montrent son habileté ordinaire de facture : on est bien tenté de dire *manufacture*. Somme toute, il faut en savoir encore bien long pour agencer tous ces ameublements, ces étoffes, tout cet accessoire de riche confortable au milieu desquels vivent les élégants modèles. Ces conditions sont moins bien remplies par M. Cabanel. Malgré la distinction des originaux, la copie ne s'en fait pas remarquer par ce côté-là. Le portrait en pied où figurent deux enfants, est surchargé d'accessoires peu harmonieux, et, malgré l'extrême habileté de main, il y a quelque chose d'inerte et de vide dans ces formes si proprement brossées. Les beaux traits du portrait à mi-corps manquent d'accent dans le rendu ; les ombres sont si diaphanes qu'elles ne peuvent soutenir les tons des chairs exagérés en jaune sur le cou, en vert sur les bras et en rose sur les mains, extrêmement bien peintes et bien posées. Rien de plus ravissant que ce trio d'enfant aux traits angéliques et paré de costumes de la plus riche fantaisie par M. Bonnat. Toutes les qualités du peintre sont là encore plus peut-être que dans son tableau des *premiers pas* qu'une jeune mère l'éternelle Italienne cherche à faire exécuter par un gros bébé qui fait honneur au peintre aussi bien qu'à sa nourrice. Portrait solennel et non sans mérite du fils de Napoléon III, par M. Lefèbre. Saluons non loin de là un des plus grands écrivains, un des plus grands poëtes de notre temps. Sans pouvoir bien apprécier le mérite intrinsèque de la toile de M. Marquerie, trop haut placée, à cette physionomie mélancolique et austère, à ces traits qui rappellent le masque antique d'Euripide, et dont la tristesse ne cache point la fierté, je reconnais M. de Laprade, de l'Académie française. Il est une des rares figures dont on puisse dire que la vie et les œuvres ne font qu'un, et qu'il n'y a pas une ligne de ses écrits qui puisse donner un démenti à son caractère.

N'oublions pas de rendre hommage à l'exquise délicatesse avec

laquelle est exécutée une tête blonde et charmante par Mme Laure
de Châtillon. Le deuxième portrait, grand comme nature, n'est pas
si bien réussi. Félicitations du même genre à adresser à M. Jour-
dan pour son portrait de jeune fille qui tient une ombrelle et
regarde vaguement la campagne tout autour d'elle. Physionomie,
costume, tout est frais, printanier et heureux. Autre et non moins
digne d'éloge est avec ses beaux traits pleins de grâce et d'énergie
le portrait de Mme Judic par M. *** Après avoir cité comme
exemple de vie, d'expression parlante, le portrait à barbe blanche signé Leman, nous finissons cette revue de portraits par une
petite tête de jeune fille tenant une poupée. On retrouve dans
cette tête les qualités que nous avons déjà remarquées dans le
tableau de *Saint Bruno* de M. Laurens et *du cardinal*. Il y a
dans l'exécution totale, forme et couleur, un certain mordant,
quelque chose de primesautier, d'achevé et non peiné ni trop
empaté, qui constitue une qualité des plus rares et des plus
précieuses.

Sans chercher de transition, voyons les tableaux militaires. En
première ligne, je veux citer celui de M. de Neuville. *Combat sur
une voie ferrée.* C'est effrayant et navrant de vérité. On s'éloigne
et on revient pour voir si quelqu'un des héroïques combattants
a pu survivre. Dans l'atmosphère brumeuse, en face d'un bois
sombre où la présence de l'ennemi ne se révèle que par la fumée
blanche et ramassée des coups de feu, nous voyons les combattants sous l'uniforme français, surpris sur nature, dirait-on,
dans les attitudes les plus épouvantablement réelles et irritantes
pour le spectateur passif, de la souffrance et de la mort : les braves
que la vue des blessés, des mourants sur le sol glacé, n'émeut ni
n'arrête dans leur élan à escalader cette pente abrupte où la neige
est tachée de sang, le jeune officier sans autre arme qu'une canne,
examinant avec ce sang-froid qui est le plus grand des courages
ce qui se passe dans les rangs ennemis, tout parle, tout porte à la
fois. Tout est si vrai, si sincère dans cette énergique exécution
qu'elle obtient le plus grand des priviléges qui est de se faire oublier : au lieu de faire parade d'elle-même devant une foule qui
ne peut l'apprécier, elle lui traduit sur la toile un sentiment
compris et éprouvé par tous. Heureux celui qui possède cette rare
puissance de révéler et d'exalter ainsi les plus nobles instincts
populaires, et qui écrit avec ces lettres magiques et touchantes que
tout le monde peut lire une page glorieuse de l'histoire de son

pays. Superbe aussi, et non moins émouvante, l'attaque des cuirassiers dans le village de Morsbronn, journée de Reischshoffen. Il est difficile de soutenir longtemps la vue d'une scène pareille, tant elle est dramatiquement présentée par M. Detaille.

Allez donc nous parler maintenant des satyres, des Hylas, des Olympiens, des Turcs, des Chinois, des Italiens, que sais-je ? en présence de ces drames si émouvants et si proches! Ce sont là les nôtres, voilà notre propre sang, nous parlons la même langue, nous aimons et nous servons le même Dieu et la même patrie. *Gloria victis*, comme l'a exprimé magnifiquement le sculpteur qui s'est senti mieux inspiré, qui s'est senti plus savant à cette place du cœur d'où viennent les grandes pensées, que tous les faiseurs d'athlètes, de nymphes, de Bacchus, de pêcheurs et de danseuses avec plus ou moins de chemise. Et pour qui donc tout ce peuple des bains à quatre sous? Est-ce pour les places publiques? Bien obligé, messieurs : si cela va à vos femmes, à vos sœurs, à vos filles, tant pis pour vous et tant pis pour elles. Eh bien! cela ne nous va pas, à nous, pères de famille de tout rang, de toute condition, de toute profession. Et qui êtes-vous donc pour venir nous imposer tout cela, et au nom de qui parlez-vous? Il serait bien temps qu'un contrôle réel fût imposé à la façon dont s'emploient les fonds publics dans cet ordre de travaux et dans tous les autres travaux d'art. Mais laissons à une autre occasion le soin de traiter cette grave question, et quittons cet épisode qui nous a entraîné du premier au rez-de-chaussée, de là dans les jardins et monuments publics, et qui pourrait nous mener loin.

Nous retrouvons en rentrant ces mêmes sujets militaires si souvent et toujours si bien traités par M. Protais. Ce peintre est un soldat. Il en a le cœur et le fait bien voir. Il montre le soldat tel qu'il est dans sa vie familière, ou publique, ou héroïque, c'est-à-dire bon, simple et dévoué. Il ne viendra à l'idée de personne de demander à quoi pense ce général qui, la tête appuyée dans sa main, regarde dans le lointain la ville de Metz. On l'entend penser. Son aide de camp est debout à ses côtés, et bien que ses regards et ses pensées prennent le même chemin, on comprend à son allure qu'avec la jeunesse en plus et l'expérience en moins, il porte une part moins lourde des malheurs publics et de la responsabilité personnelle.

Autre et non moindre est l'intérêt du petit tableau de *Fausse Alerte*. On suit le long des hautes futaies, et plus ou moins visible

selon les plis du terrain, la marche accélérée des chasseurs dont
on voit décroître les lignes lointaines. Elles avancent avec entrain et discipline, et il semble entendre le bruit des pas et des
clairons. Divers groupes debout sur le premier plan attendent
leur tour de partir. Dans le paysage rien n'est négligé non plus
que dans les figures. C'est de la peinture faite et bien faite.
Voyez maintenant dans la grande toile de M. Castellani ce régiment de cuirassiers tentant, nous dit le livret, de percer les
lignes prussiennes après la bataille de Sedan : quelle charge vive
et furieuse! L'exécution peut être incomplète, mais le mouvement
y est. Quoi de plus touchant que ces adieux des soldats à leurs
officiers avant de partir pour la captivité. On y est, et comme ce
viel officier on est prêt à se retourner en mettant la main sur les
yeux et pour le même motif. Je pense que c'est pour se calmer de
ses impressions que l'auteur des *Adieux, Metz 29 oct.* 1870,
M. Devilly nous montre une *Léda* dont le dos, si bien modelé qu'il
puisse être, ne peut autant nous intéresser.

Faisons toutefois un peu de même et calmons-nous en examinant les natures mortes. C'est un des attributs de ce genre de
peinture. Rien n'est moins fait pour surexciter que la vue des
pots, des légumes, des casseroles ; on n'en est que plus apte et
plus de sang-froid pour apprécier des qualités d'exécution assez
difficiles pourtant et assez appréciées pour absorber l'attention et
de beaucoup d'artistes et de beaucoup de spectateurs. M. Vollon
traite ce genre comme un maître, et les plus connus, comme
Snyders et tant d'autres, pourraient redouter le voisinage de son
splendide chaudron, de ses poissons au ton fort et luisant.
Ampleur de pinceau, unité d'effet, tout y est. C'est dit. Un autre
poisson et un autre chaudron nous semblent très-bien aussi ; ils
sont peints par M. Even. M. Seret a exécuté une toile d'un riche
effet meublant et décoratif, où une aiguière de métal jaune brillant
fait ressortir un bouquet de violettes. Les fleurs ne sont plus tout
à fait de la nature morte, non plus que les fruits. Cela ne pose pas
éternellement. Ces prunes de M. Delessard m'inquiétaient avec
leurs mouches qui se collent dessus, ces gourmandes! Elles sont
si mûres (les prunes) qu'elles ne pourront se conserver jusqu'à la
fin de l'exposition. Charmantes les fleurs de Mademoiselle Du-
bourg, un peu trop de fond autour des camélias, sachant surtout
qu'il pourrait être si bien rempli. Nous retrouvons avec plaisir
deux maîtres du genre. MM. Meysia et Perrachon. Les roses

blanches rosées dans la lumière du premier font un peu trop solo à part dans l'ensemble avec leurs demi-teintes un peu marquées. Il y a aussi par derrière un rouge qui inquiète. Rien de charmant comme le groupe de roses rouges qui se penchent sur un côté du vase. Celles de M. Perrachon sont toutes fraîches, toutes délicates, toutes humides de rosée. C'est compris. Le bouquet villageois de Mme Darru est peint avec une franchise si résolue qu'il nous rappelle certaines œuvres du même genre d'Eugène Delacroix tout simplement. Par la chaleur qu'il fait ou plutôt qu'il faisait à l'exposition, il devrait être défendu de montrer aux passants altérés des pêches et des raisins comme ceux que nous montre M. Kreyder. C'est le supplice de Tantale. Ce n'en est pas un de regarder ses coquelicots et son champ de blé, sorte de transition du simple bouquet au premier plan de paysage. Nous n'en saurions trouver de plus heureuse, de mieux réussie, à cette catégorie même une des plus riches de l'exposition et de l'école française.

Commençons par quelque chose qui est aussi une manière de premier plan, bien que beaucoup plus développé. L'auteur a un nom prédestiné : il s'appelle Pelouse; mais il a des titres plus sérieux à notre attention. Cailloux moussus, graminées, églantiers, arbustes aux formes grêles, remplissent à peu près seuls une grande toile : et pourtant rien de vide et rien de mesquin dans ce fouillis vivant, dans ces manifestations de la vie que les artistes seuls savent bien regarder. Dans ce coin inconnu comme il y en a partout, quand personne ne s'en mêle, dans cette enjambée de deux pas à peine, il y a un monde de merveilles, de jeux, de tons et de lumière que M. Pelouse a si bien admiré qu'il s'est dit : Tant pis, on dira ce qu'on voudra, je vais peindre tout ça. Et il l'a peint comme il l'a dit et il a bien fait. Ah! par exemple, cette fantaisie ne sera pas comprise par le premier bourgeois venu qui à cette vue s'étonne en silence, ou par son jardinier qui sent au fond de sa veste les mouvements d'une serpette indignée de ne pas courir sus pour mettre de l'ordre et de la propreté dans ce chaos. Eh bien, oui, allez donc faire comprendre à ces bons hommes qu'il y a plus de merveilles entre ces trois cailloux et ces épines, que dans leurs plus beaux parterres où des fleurs entretenues, bâtardes intrigantes à double fard, à triples pompons, alignent leurs crinolines voyantes, avec cette touchante symétrie qui figure aux yeux charmés des gens raisonnables les formes peu variées mais admirables toujours de larges tourtes et de petits patés. Vous savez, les artistes n'ont pas des idées comme les autres.

Un magistrat connaît les lois de la justice pour les avoir étudiées, un préfet celles de l'administration, un ingénieur celles de l'hydraulique et de la dynamique; mais un artiste, qui passe sa vie à étudier les lois du beau, doit nécessairement ne pas les connaître aussi bien que ces messieurs et tous autres. C'est entendu.

Si nous faisons ainsi l'école buissonnière, ce qui est tentant en pareille occasion, nous n'arriverons pas au bout. M. Hannoteau nous ramène en pleine campagne, devant un vrai, un riche coucher du soleil à grand orchestre. On le voit descendre et briller à travers les nuages et les branches des arbres dépouillés. Peut-être le premier plan n'est-il pas suffisant, par une raison ou une autre que je ne vois pas clairement, pour soutenir ces splendeurs du lointain.

Moins riantes, quoique plus vives, sont celles qui éclairent le paysage, à la fois printanier et funèbre, de M. Daliphant. Une herbe touffue, constellée d'ombelles blanches, laisse entrevoir les croix noires d'un cimetière, qu'ombragent de grands arbres fleuris. Cette alternance de verts sombres, de fleurs blanches, qui éclatent à la joyeuse lumière d'une matinée de mai, donne l'impression triste et pénétrante d'une succession d'accords en mineur. Une autre nature de tristesse à laquelle se mêle l'effroi, impressionne les spectateurs devant le tableau de M. Émile Adélard Breton, *Une nuit d'hiver*. Par cette nuit qui commence à tomber, avec le temps qui se prépare, il fera bon s'abriter au coin du feu dans ces pauvres cabanes dont le chaume se cache dans les grands arbres de la forêt! Leurs branches dépouillées et inquiètes s'agitent sous un ciel menaçant, troué d'une ouverture où brille une lueur sinistre. De grands nuages accourent et enlèvent énergiquement par-dessus leurs sombres silhouettes. Encore un instant, ils auront tout éteint, et ils déploieront à nouveau leur grand linceul de neige sur ce coin de terre abandonné. Même poésie et, comment dirai-je? même robusticité d'effet dans le crépuscule et l'automne du même auteur.

Trop haut placés, bien que parfaitement dignes de figurer au premier plan, les *marais Pontins* de M. Corrodi. C'est peut-être un absent ; dans tous les cas, il est fort dignement représenté. Voici M. Daubigny, dont le fils est déjà si semblable à son père. Certainement, ce grand champ avec ses premiers plans de pavots, cette rase campagne avec ses fonds à la Rubens, ce ciel tout particulièrement bien compris et varié sur une échelle si grande, avec une donnée monotone, ont leur caractère et leur valeur propres : tout ce qu'on voudra, mais c'est monotone et aussi peu fini que bien commencé. Le verger en fleur de M. Daubigny fils ne mérite pas autant cette dernière observation. Si fait bien, par exemple, M. Corot. Il a sa note poétique et charmante, je la vois, je la sens et depuis longtemps ; mais il semble toujours que les sauterelles ont passé par tous ses paysages, et la plus belle des ébauches dût-elle avoir des milliers de compagnes et d'imitateurs intéressés à la défendre, reste et restera une ébauche. Cette critique ne peut être adressée à M. Busson, dont le paysage, un des plus beaux du Salon et de tous ceux qu'il a faits, est remarquable par toutes les qualités. C'est une satisfaction que de voir de vrais arbres qui ont de vraies feuilles, ce qui ne nuit en rien au charme et au pittoresque d'un site des mieux choisis. Pour être dépouillés ou jaunis par l'automne, les grands chênes de M. Gosselin n'en ont pas moins un mérite, qu'une médaille a constaté, et en toute justice. Ce n'est pas ce manque de fini qu'on reprochera à M. Robinet, bien que poussé jusqu'à la sécheresse. On retrouve avec bonheur les impressions du midi provençal en suivant sur le bel azur du ciel les branches de l'olivier, au vert pâle et finement découpées, son tronc noueux, ses racines laborieusement enchevêtrées et en quête de subsistance ; puis la mer, venant mourir en lames amincies, comme disent les poëtes et comme le peintre les a très-consciencieusement et délicatement rendues. Avec plus de largeur, une distinction native qui ne diminue en rien la familiarité avec la nature, M. de Curzon doit être placé parmi les chercheurs qu'un premier jet ne saurait contenter. Peintre de figure autant que de paysage, il fait valoir l'un par l'autre avec un rare bonheur, comme dans la *sérénade*, par exemple. Le beau type italien est représenté sans mélange de rusticité grossière, et le fond poussinesque est d'une ligne riche et simple à la fois. *Le Souvenir de Provence* est un effet du soir, chaud et calme, dans un site plus

solitaire que sauvage, dont les lignes harmonieusement acci-
dentées semblent faites pour encadrer une églogue de Virgile. M. de Curzon a enfin un troisième tableau intitulé : *Le premier portrait*. Malgré les qualités habituelles de l'auteur, il y a
quelque monotonie dans son œuvre. Les tons semblent se
conserver un peu trop semblables et dans l'ombre et dans
la lumière. La tête de la jeune fille est charmante, et on se
demande pourquoi le jeune homme a l'air de s'ennuyer, devant faire une séance si courte eu égard au procédé, et si
agréable d'ailleurs eu égard à l'artiste, qui se contente de
cerner d'un trait l'ombre portée sur la muraille. M. Français,
quoique vaillant toujours, ne nous semble pas à sa hauteur
ordinaire. Suivons, un instant, les sentiers que M. César de
Cock nous rend si attrayants sous l'ombrage des saules et des
bouleaux : toutes les gammes de verdure sont parcourues depuis leur coloration la plus vive, sous la transparence des
rayons solaires qui traversent le feuillage, jusqu'à leur atté-
nuation presque entière par les reflets du ciel bleu qui dé-
compose et unifie tous les tons, leur laissant à peine la force
de se détacher sur lui. M. Xavier de Cock n'est pas moins
heureux avec ce *Char de la moisson* qui brille au fond d'une
verte allée, précédé par les danses des joyeux travailleurs.
Ici, dans ce paysage algérien de M. Guillemet, c'est le champ
de la moisson future que prépare le laboureur arabe avec
cet araire primitif dont il ne veut pas se départir. Cet entêtement
ne compromet pas la beauté du site que commencent à voiler les
vapeurs du soir mêlées à la fumée des herbes desséchées qui
brûlent dans la campagne.

Gardons-nous d'oublier le paysage de Paris vu de Bercy, où
un talent hors ligne sait mettre un intérêt, une variété que le
site ne comporte guère. La vue de Venise de M. Rosier est belle,
même après Canaletti. Les moutons de Mme Peyrol sont aussi
près de valoir ceux de Mlle Rosa Bonheur que les taureaux de
M. Van Marck ceux de M. Troyon son maître : il n'y a guère que
l'antériorité qui fasse la différence du mérite. Il faut clore
cette liste déjà longue et peut-être incomplète, en signalant
une vue de mer agitée d'un très-grand et très-juste effet, par
M. Heembkerck.

On s'étonnera peut-être que nous nous soyons à ce point arrêté
pour apprécier les natures mortes et même les paysages. Ma

réponse est que d'abord ces œuvres sont fort nombreuses, et que beaucoup d'entre elles ont le mérite que le genre comporte, et que souvent elles dépassent. Le méconnaître serait tomber dans ce défaut habituel à plusieurs de ceux qui les produisent. En général, rien n'égale le sans-gêne avec lequel ils jugent les œuvres où l'invention et la pensée ont la plus grande part. La façon dont ces virtuoses du trille et de la cadence toisent du haut de leur cervelle vide et de leur réussite pécuniaire ceux qui écrivent les partitions, est tout à fait comique et caractéristique de l'époque. Libre à eux ; mais il est bon qu'ils sachent que ceux qui sont épris des œuvres où le sentiment et la pensée dominent, ne refusent pas de rendre justice à celles qui s'en passent, et que de plus une certaine culture intellectuelle n'est point hors de propos pour tous, à cette fin d'apprécier les qualités qui peuvent leur manquer. En fait les réflexions qui précèdent ne peuvent s'appliquer d'une manière exclusive à aucun genre, si on en excepte toutefois ceux qui sont à l'art, en général, ce que les zoophytes et les cryptogames sont au règne animal et végétal. Les artistes qui ont quelque poésie en eux-mêmes, la mettent partout, les autres nulle part, et leurs œuvres à tous, beaucoup plus indépendamment du sujet qu'on ne se l'imagine, valent ce que valent ceux qui les ont faites. Du reste, personne n'échappe à un *à priori* quelconque. Vous monsieur un tel, qui avez une peur presque superstitieuse d'oser un brin d'herbe que la nature ne vous présente pas, vous avez un système aussi bien que monsieur un tel, qui se croirait encanaillé si dans ses œuvres la nature se reconnaissait trop. Procéder par élimination ou par élection est toujours un système, et il se trouve que celui de n'en pas avoir est le plus despotique, le plus niveleur de tous, le plus parfaitement apte à dessécher jusqu'au fond toute trace d'individualité, et pour comble de désastre, de ressemblance avec la nature.

Parmi les œuvres ou la figure humaine domine tout, en s'alliant au paysage dans une certaine mesure, M Delorbe tient une des premières places. Les têtes de tous ces personnages, — ils sont quatre, l'âne compris, — respirent la candeur et l'honnêteté ; elles sont d'une exquise finesse de ton et de modelé ; rien qui sente ni le sans-gêne grossier ni le musc : on ne respire dans cet agreste sentier que la réconfortante odeur des chênes et de l'herbe fraîchement coupée, servant de coussin au petit blondin et à sa sœur aînée que le bon âne ramène le soir au logis. Comment le même auteur est-il si inférieur à lui-même dans *Marie Jeanne*, qui râcle je ne sais quoi? Une grande partie des éloges qui précèdent peuvent être adressés à M. Billet pour ses *Ramasseurs de bois*, à M. l'Hermite pour ses *Moissonneurs* et à M. Fader pour sa *Récolte de pommes de terre*.

Nous sortons brusquement de ce milieu champêtre et salubre en voyant les deux figures : *Splendeur* et *Misère*, de M. Duez. C'est très-bien, à lui, de faire ressortir par son talent la rigueur, le poignant de ces deux contrastes. La vue de la hideuse chiffonnière arrêtera-t-elle, par la peur de finir de même, celles qui seraient tentées de commencer comme elle? j'en doute.

Les minets, par M. Lambert, suivent les hommes de trop près pour ne pas jeter un coup d'œil à ceux qui sont en train, sans perdre un instant, de déménager des tiroirs pleins de soie et de dentelle. On s'amuse en pensant à la mine que fera la maîtresse de ce joli meuble en bois de rose, quand elle rentrera. Très-spirituellement rendu, fort amusant aussi le tableau de M. Comte-Calix, un des meilleurs qu'il ait faits. Son Adam et Ève sont normands, et s'en vont chevauchant dans un sentier creux que couvre un pommier aux branches pendantes et aux fruits tentants; la fillette se laisse tenter et, debout sur le cheval, atteint le fruit désiré. On a quelque idée qu'au bout du chemin les deux voyageurs iront faire visite à M. le maire et à M. le curé. Autre péché de fillette, mais qu'il nous faut supposer. M. Vibert nous la montre baissant les yeux devant sa mère courroucée, aux gestes d'une vivacité toute méridionale, et qui vient la faire sermonner et gronder par un bon religieux surpris à la fin de son dîner. Le ho! ho! qui semble sortir de la bouche de celui-ci rassure pour la coupable. Impossible d'être plus spirituel en peinture. Moins finement exécutée, la *Partie de domino* de M. Salzedo est bien amusante aussi : un monsieur à barbe grise, au profil penché et souriant d'un air de triomphe, vient d'embarrasser son adversaire par un coup inattendu. Celui-ci, le chapeau sur les yeux, la lèvre pincée, boutonné et obèse comme un capitaine en retraite, se perd dans les combinaisons d'une stratégie profonde et désespérée. Rien n'est juste comme l'expression doucement railleuse et compatissante d'un spectateur qui, pour examiner le fameux coup, interrompt sa lecture du *Journal des Débats*. On ne peut plus intéressante l'*Ophélie* de M. Saulnier : composition et exécution ont bien quelque chose de l'immortelle poésie du Shakspeare. Quelle jolie dormeuse que cette enfant qui se repose sur la gerbe qu'elle vient de ramasser ! C'est extrêmement bien peint, et M. Perraud en sait plus qu'il en faut pour avoir recours à la futile et facile supercherie des empâtements, exagérés à dessein pour accrocher la lumière. Ce petit défaut n'existe pas dans le deuxième tableau, *l'Amour rebelle*; mais les qualités y sont moins marquées que dans le précédent, et la forme est parfois faussée par l'exagération des demi-teintes. Il y a non loin de là un tableau que j'aurais dû classer dans les sujets religieux, si j'avais su qu'il en était. Un adolescent moitié nu, sauvageon des Calabres, est accroupi contre un angle de rochers, et lance un mauvais regard vers le ciel. Vous ouvrez le livret : *M. Cabanel, première inspiration de saint Jean.* Pas possible ! et pourquoi pas la seconde? il eût peut-être mieux valu l'attendre. Ce titre ressemble tout à fait à un baptême fait après coup ; la grâce dans ces cas-là n'opère point d'une manière efficace. Son effet rétroactif est nul, et l'œuvre reste ce qu'elle était : une étude de talent d'après un modèle vulgaire. Voilà un titre sans prétention : *l'Arquebusier* de M. Gros. Je l'avais pris tout d'abord pour un tableau de M. Meissonnier et des meilleurs.

M. Comte donne un nouveau spécimen de son talent très-sûr et très-consciencieux : pourquoi ne pas lui fournir une façon d'intéresser autre que celle de ces grands seigneurs et belles dames parés des plus beaux costumes du temps de Henri III pour aller rendre visite aux *Carpes de Fontainebleau?* Certainement la *Noce* et la *Pêche* de M. Firmin Girard ne fournissaient pas un motif bien épique ; mais encore est-il plus vivant. Il l'est surtout par l'exécution on ne plus remarquable, la précision et la finesse poussées à un haut degré. Le paysage est traité d'une façon fort originale et n'esquive rien. Il conserve un intérêt fantaisiste et poétique, tout en servant de fond à une figure grande comme nature, intitulée : *Méditation.* Celle-ci est charmante de nature et de vérité. On assure que le jury a l'an passé refusé un tableau du même auteur. Cela peut être vrai sans être vraisemblable : je vois peu de ces Messieurs qui en sachent plus ou autant, et j'en vois beaucoup qui en savent moins. Pourquoi et comment le tableau de M. Lecadre s'appelle-t-il *l'Offrande?* Je n'en sais rien, mais je sais très-bien qu'il y a là les plus belles et les plus rares qualités. Je ne sais pas non plus si on leur a rendu justice, je crains que non. Y a-t-il beaucoup d'autres tableaux qui aient cette large simplicité dans le modelé, cette unité et cet aspect original. Il y a là tout simplement l'étoffe d'un maître. Si l'on pouvait une fois laisser les Romains tranquilles? Comme bien d'autres, j'ignore l'histoire de la vestale Tuccia, autre Romaine. Nous avons tort, moi surtout, qui ai à vous en parler. Mais que cette belle inconnue, pour un motif qui ne nous l'est pas moins, remplisse ou ne remplisse pas son crible avec l'eau du Tibre, cela nous est égal, et n'empêche pas que jamais plus suave profil ne se détacha vers l'azur du ciel, et que, quel que soit le dieu qui l'habite, jamais ne s'élevèrent à lui des mains mieux dessinées. M. Leroux n'est pas moins heureux dans les autres personnages et ce beau fond de la Rome antique restaurée. Décidément tous les goûts sont dans la nature : voilà le cheval de Troie et les soldats grecs sortant de ses flancs sans bruit et se rendant maîtres des remparts dont les défenseurs sont endormis. Ce n'est pas l'ingéniosité qui manque au tableau de M. Motte, au moins aussi architecte que peintre.

Nous rentrons tout à coup dans des réalités qui nous touchent de plus près avec le tableau de M. Mélingue, *MM. du Tiers attendant l'ouverture de la séance royale du 23 juin 1789*. La préoccupation qui se lit sur les physionomies, parmi lesquelles Mirabeau et Robespierre, se font particulièrement remarquer; cet empressement inquiet qui, sous une pluie battante, groupe d'avance les députés qu'une même manière de voir unit déjà, ces costumes noirs, ces pavés glissants, ces murs attristés, donnent comme un pressentiment des drames terribles dont le premier acte va commencer. Je ne saurais mieux louer cette grande page d'histoire enfermée dans un petit cadre.

Voilà un moment que nous sommes sortis de l'antique. Réparons cette inconvenance en rendant hommage aux qualités d'étude et de goût dont M. Dantan fait preuve dans *Hercule et Omphale*. Une couleur blonde et une certaine fermeté de formes ne compensent pas suffisamment quelque chose un peu trop *style d'atelier*. Le *Moine sculpteur* est une œuvre plus vraie, mais don l'ensemble comme effet laisse à désirer. La *Noce en Alsace*, de M. Brion, n'est pas si inférieure qu'on veut bien le dire à ses œuvres précédentes. Ce n'est pas tant lui que le spectateur qui a changé. Un sujet analogue sous le nom de *Fête de S. Jean en*

Dalécarlie, est fort bien traité par M. Salmson. J'aime mieux toutefois le *Pardon aux environs de Guémené,* par M. Pille. On pense devant cette fête bretonne aux tableaux d'Emmelink et de Van Eyke, tant il y a de précision ferme et consciencieuse dans le talent de l'auteur, tant il y a de caractère dans ce qui reste de ces types bretons que la démocratie n'a pas encore hébétés et effacés. Rien ne contraste plus avec ces traits caractéristiques, avec ces formes arrêtées et voulues, cette couleur un peu sombre, que le tableau de M. Emile Levy : *l'Amour et la Folie.* Il y a beaucoup de suavité de pinceau, comme disent les amateurs, au moins autant d'afféterie, de plus une jambe de la folie d'un dessin inquiétant. Malgré ce, malgré le paysage un peu curieux, il y a de vraies qualités et un torse de jeune homme d'un modelé singulièrement habile.

Nous revenons avec M. Munkaksy à des scènes qui ne sont pas du domaine de la fantaisie, mais de la plus brutale réalité : le personnel des *Rôdeurs de nuit* et du *Mont-de-piété* qui se ressemble sous quelques rapports, est pour ainsi dire dévisagé à découvert. Types de misère, de vices, de malheurs, attitude, costume, couleur sombre quoique parfaitement limpide, tout est dit franchement, sommairement et suffisamment. Je tiens à mes trois adverbes. Malgré leur consonnance peu harmonieuse, ils disent ce que je crois caractériser ce talent original et très-compris. C'est une chose étrange à quel point le bien et le mal sont cachés : l'un a besoin de l'être, l'autre n'aime pas à se montrer. Ce qui est visible partout, c'est cette moyenne bourgeoisie contente d'elle, et oubliant souvent qu'il y a une portion de la société qui reste à l'état sauvage que la loi seule réprime et que le bien seul diminue. A un moment donné que nous connaissons trop, cette armée des mécréants se montre à la lumière, va droit aux chefs de l'armée adverse qu'elle connaît très-bien, si les honnêtes gens ne les connaissent pas, et sous le nom d'otages ou de suspects en fait ce que vous savez. Il est bon de montrer de temps en temps au grand jour et avant celui de l'émeute ces ennemis éternels et cachés des honnêtes gens, ces amis de tous les désordres. M. Munkaksy fait cette démonstration avec une précision de chirurgien et une vigueur de maître. Pas un, je l'espère, de ces jeunes enfants à la mine honnête et appliquée que M. Truphême nous montre avec un talent si consciencieux dans son *école Cochin,* n'ira grossir le nombre des vauriens déguenillés qui leur

font face. Ils ne seront pas plus de ceux-là que n'ont été de la
Commune ces quatre mille ouvriers, vous lisez bien quatre mille,
qui accompagnèrent à sa dernière demeure avec respect, avec la
douleur de cœurs reconnaissants, celui qui avait été pour eux un
protecteur, un initiateur, un vrai frère, un chrétien. C'est celui-là
même qui, malgré tous ses titres et ceux de sa famille, avait échoué
aux élections de 1869 devant M. Jules Ferry. Peut-être ce dernier,
au lieu des hommes qui sont venus le chasser de l'hôtel de ville,
aurait-il préféré avoir affaire aux clients de celui qui fut son con-
current jadis. Peut-être les électeurs de 1869 ont-ils quelques
regrets qui les honorent, en pensant qu'ils ont méconnu à ce
point un homme dont l'activité incessante et dévouée réalisa
dans sa trop courte vie une somme de bien si grande, si urgente
et si durable. Dans quelques rangs que se manifestât cette justice
tardive, on serait moins étonné de l'y rencontrer que de la voir
manquer ailleurs. La mort elle-même pas plus que la plus noble
vie ne peut désarmer les inexplicables rancunes de certains partis.

M. Matejko a exposé un tableau de grande dimension, ayant
pour titre *Étienne Bathori devant Pskow*. Le mérite très-réel de
cette vaste composition ne frappe pas tout d'abord, parce qu'elle
manque essentiellement d'unité, surtout comme effet. Quand tout
veut également paraître, rien ne paraît. J'ai cru m'apercevoir
dans maintes œuvres des compatriotes de M. Matejko que la
méconnaissance de cette vérité fondamentale était aussi visible
dans leurs œuvres d'art que dans leur histoire ; ce qui est vrai
en fait d'art est vrai en tout. Quoi de plus profond, de plus applicable partout et toujours que ce mot des coloristes : l'harmonie
ne vit que de sacrifices. C'est l'absolue vérité, quel que soit l'ordre
d'idées auquel elle s'applique. M. Matéjko n'en a pas moins fait
une œuvre aussi remarquable que patriotique. Le groupe qui est
sous la tente est particulièrement réussi, et le roi de Pologne, dont
la pose est d'une fierté un peu familière peut-être, ne manque
pas d'originalité ni de grandeur dans sa façon de considérer ses
ennemis prosternés à ses pieds.

Dans un genre à visées moins hautes et dont l'intérêt de pure
couleur locale dépend de ce que l'auteur sait y voir et y mettre,
n'oublions pas *le retour de la pêche aux huîtres par les grandes
marées à Cancale*, par M. Feyen Perrin. Il y a un charme très-par-
ticulier, et comme exécution et comme expression, dans ces figures
de jeunes filles en simple, très-simple costume de leur localité.

Était-ce vraiment un crime de lèze-couleur locale que d'ôter leurs sabots aux trois ou quatre premières qui ouvrent la marche du retour? Non, puisque dans la foule qui les suit plusieurs sont privées de cette chaussure aussi parfaitement laide qu'hygiénique. *Dans la rosée*, le même auteur présente un portrait en pied de jeune femme vêtue de noir. Le naturel en est peut-être un peu outre-passé, mais le tout à une certaine grâce originale et beaucoup d'unité. C'est aussi la qualité du portrait à mi-corps d'une jeune femme qui s'apprête à sortir, semble-t-il, avec un parapluie à la main. M. Henner y a mis cette même sobriété, cette simplicité de ton de vrai coloriste, que nous avons eu déjà l'occasion de remarquer et de louer dans ses deux tableaux de la Madeleine et du bon Samaritain. La grande frise des quatre âges de M. Ehrmann, *la Grèce, Rome, les Barbares, le Moyen Age*, est le spécimen plein de savoir dans ce genre de synthèse si fort à la mode en Allemagne et qui le devient de moins en moins chez nous. *Les Maraudeurs* de M. Delert montrent un talent armé de toutes pièces, aussi bien que les deux soudards à cheval qui ont entrepris un colloque animé avec des servantes puisant de l'eau à une fontaine publique. Cela pouvait se passer en 1200 ou 1300, et ne serait guère plus vrai si on l'eût photographié sur nature. Comment passer sous silence les tableaux de M. Desgoffe, les chevaux et paysages arabes du talent si individuel, si vrai et en même temps fantaisiste de M. Fromentin? Impossible de faire l'éloge de tous les paysages qui en méritent. J'aurais des remords pour le reste de mes jours si je ne parlais des deux toiles de M. Richer, *Moulin à Vent en Picardie* et *Hameau normand*. Les nuages bougent dans le ciel et avec eux les rayons du soleil qui promènent au loin sur la terre de vives traînées de lumières. Tout y est particulièrement large, fini et harmonieux comme les Flamands. Et ces taureaux de la campagne de Rome de M. Paris, comment ne pas dire, au moins, qu'on les a vus et reconnus? J'ai un faible pour le paysage et surtout pour la marine de M. Heemskerck Van Beest, déjà nommé. Ciel et mer, nuages, barques et gens, tout remue, tout se montre ou se voile dans une coloration harmonieuse, ferme et chaude qui rappelle les maîtres de ce pays qui en a fourni tant et de si complets. M. de Fann n'a pas tiré moins bon parti des belles falaises de Villers-sur-Mer et d'un site agreste et plantureux comme la forêt de Fontainebleau en offre tant. L'ensemble est doux, très-travaillé et repose doucement les yeux. Mettons-leur des lunettes bleues pour regarder la plage de Scheveningue par M. Kaemmerer. Le soleil darde à plomb sur le sable jaune qui fait ressortir en un bleu violet un ciel sans nuage. La plage est couverte de promeneurs, de causeurs ou d'enfants qui jouent. Tout cela vêtu de couleurs claires, voyantes, est rendu, fini, fini jusqu'au bout, tout petit, et rappelle, sans lui être inférieur, un tableau célèbre en Angleterre que l'on voit au musée de Kensington et qui représente la foule aux courses d'Epsom.

Dans cette revue si longue et certainement incomplète, on ne nous pardonnerait pas, et avec raison, de ne pas garder une des meilleures places pour le beau portrait de Mme la princesse de W*** par M. Hébert. Son talent fin et délicat, quelque peu efféminé, se montre tout entier dans cette œuvre d'un fini rare où la largeur et l'harmonie ne perdent rien. Combien M. Hébert est mieux là, sur son terrain, que dans ce sujet de la *Vierge de la Délivrance*, à propos de laquelle l'engouement d'un certain monde tout parisien avait atteint un lyrisme par trop disproportionné. Certainement les qualités de l'auteur s'y laissaient voir, mais la sévérité d'emprunt du voile byzantin ne suffisait pas, soit pour cacher, soit pour transformer le caractère habituel de ses œuvres, lequel n'est rien moins que religieux.

Si je n'ai pas encore parlé de M. Gérôme, c'est que la distinction dont ses trois tableaux ont été l'objet lui faisaient une place à part. Je l'ai faite aussi à d'autres œuvres auxquelles la médaille d'honneur pouvait être accordée à plus juste titre. Personne ne conteste à M. Gérôme un talent fin, une exécution recherchée et des succès constants. C'est une façon de Paul Delaroche, plus précis dans le rendu, avec une indifférence plus marquée pour la nature des sujets. Ce scepticisme parfait se transmet à ses élèves, dont on reconnaît bon nombre à leur recherche des sujets d'alcôves antiques et modernes, et d'un certain côté anecdotique de l'histoire, où la note railleuse domine. Tant d'esprit et d'ingéniosité vont peu avec le génie qui se préoccupe moins de ne jamais quitter cette région moyenne qui, sans être hors de vue de la foule, s'adresse particulièrement et très-intentionnellement à ceux d'entre elle que caractérisent des habitudes de luxe et l'absence complète de rigorisme. M. Gérôme ne néglige rien du reste pour donner la plus grande perfection à ses œuvres. Les recherches, le travail, le temps, la dépense ne leur sont point épargnés, et leur apportent le meilleur de ce qu'elles valent. L'*Éminence grise*, la *Collaboration* et le *Rex tibicen* en sont des preuves nouvelles. Il est difficile de mettre plus d'esprit, plus d'entrain que dans le tableau qui nous paraît le meilleur des trois, celui du grand Frédéric jouant de la flûte. Il revient de la chasse crotté, botté, son personnel est sur les dents; ses chiens tombent de lassitude, mais lui, après avoir à peine pris le temps de décacheter quelques plis dont les débris sont épars sur le parquet, il se met à répéter avec une ardeur de virtuose quelque passage scabreux, quelques poignées de triples croches d'un solo de son instrument favori. Le sujet étant donné, je doute qu'il puisse mieux se rendre. Je n'en dirai pas autant de la *Collaboration*, qui nous montre Corneille et Molière occupant les deux extrémités d'une table couverte d'un tapis vert, et travaillant à une œuvre commune. L'*Éminence grise* a toutes les qualités de M. Gérôme, sans retirer la note railleuse par laquelle il a l'habitude de s'intéresser à l'histoire. Le confident de Richelieu, dit le livret, lorsque les assistants le saluaient, *faisait semblant de lire dans son bréviaire et de ne pas les apercevoir*.

En regard de ces trois tableaux, je parlerai de celui de M. Ranvier : *Prométhée délivré*. Grands comme nature, consciencieusement et largement exécutés, les personnages ont une allure épique et dramatique qu'on ne rencontre guère au Salon et dont M. Ranvier n'avait pas encore donné une telle preuve.

Facit ira versus.

Une pensée patriotique l'a inspiré, mais non point de façon à être facilement interprétée dans le sens qu'il a voulu lui donner. J'avais cru d'abord que ce vautour qui ronge la France, dont Prométhée est le symbole, n'était autre que la république, et je ne comprenais guère quel pouvait être le sauvage roux et nu qui aligne son arc pour tuer l'oiseau de malheur. Je m'étais trompé, ce n'est pas l'oiseau qui est indigène, mais le sauvage, lequel n'est autre que la république. Cette façon de comprendre la situation n'est point la nôtre, mais nous n'en concluons rien contre la valeur intrinsèque et artistique de l'œuvre, à qui la médaille d'honneur paraissait ne pouvoir être sérieusement disputée que par le tableau de M. de Neuville dont nous avons déjà parlé avec une admiration sincère. La couleur du tableau de M. Ranvier est d'une beauté sévère comme le sujet, et les deux femmes caractérisant l'Alsace et la Lorraine sont remarquables par l'expression de terreur et de pitié que le mouvement général caractérise aussi bien que ce que l'on peut voir des traits de leur visage. Au lieu de chicaner l'auteur pour avoir emprunté un mythe à l'antiquité, nous l'en félicitons; car celui-là est de ceux qui semblent n'avoir pas commencé et ne devoir pas finir. Il n'est pas plus antique que moderne, il est par-dessus tout humain; dût-on retrouver le *Prometheus alutos* du divin Eschyle. Ce sujet restera neuf à traiter aussi longtemps qu'il y aura des souffrances et des injustices, c'est-à-dire des hommes sur la terre.

Sculpture.

Nous avons déjà parlé incidemment, mais chaleureusement, de l'œuvre de M. Mercié, qui s'améliorera encore avant d'être coulée en bronze pour figurer dans le square Montholon. Le public qui, sans chercher à se rendre compte de ses impressions, a compris confusément qu'il était étrange de donner la médaille d'honneur à un tableau de genre, a au contraire vivement approuvé qu'elle fût donnée au groupe de *Gloria victis*. Cette gloire fière et vengeresse qui, en attendant mieux, emporte le noble vaincu, l'intéresse plus vivement qu'un roi de Prusse jouant de la flûte, tout amusant qu'il soit de l'en voir jouer. Cette impression confirme ce que j'ai dit précédemment, c'est que le sentiment populaire ne prise nullement l'art par son côté purement technique, sauf dans ses manifestations de l'ordre le plus inférieur, appelées *trompe-l'œil*. Il ne s'associe à une œuvre d'art véritable que lorsqu'elle lui exprime quelque chose de patriotique ou de religieux. Aussi l'esthétique de la variété dite amateurs est en général moins saine et guère mieux avisée que la sienne, car ceux-ci tiennent à prouver de plus en plus qu'ils ne se sentent attirés que par les curiosités coûteuses dont le côté comique, érotique ou purement manuel, fait le principal mérite. Cependant quelques-uns d'entre eux aiment l'art naturellement et sincèrement, et, à force de rôder autour, ils se laissent prendre par quelque engrenage, et les voilà *accrochés* pour le reste de leur vie. *On ne badine pas avec l'amour*, a si bien dit Alfred de Musset dans une de ses œuvres les plus charmantes, dont lui seul pouvait écrire le pendant; *On ne badine pas avec l'art*.

Malgré d'excellentes recrues venues de cette façon, on sent
la plupart du temps dans leurs œuvres l'absence d'études premières. On pourrait bien classer parmi celles-ci la statue de
M. d'Epinay, qui a fait quelque bruit sous le nom de *Ceinture
dorée.* Choyé, poli avec grand soin, ce marbre mignon, plus ra-
tissé que modelé, donne l'idée d'une femme déshabillée plutôt
que nue, et on se demande quelle raison elle peut avoir de
mettre ses membres grêles en contact immédiat avec l'atmosphère. Elle n'a pas pour explication ou pour excuse ce vêtement
divin de la forme, qui purifie ce qu'il touche quand il montre
l'unique préoccupation d'ajouter un chant de plus au poëme
inépuisé et inépuisable de la beauté humaine.

Peut-être plus que d'habitude, la sculpture a, cette année, des
sujets empruntés à d'autres idées que celles du paganisme : nous
sommes du reste assez amplement pourvus de ce côté. Rien n'est
plus fatigant que de rencontrer à chaque pas, sous un prétexte
ou sous un autre, le plus souvent sans prétexte du tout, ces
êtres sans raison d'être, aussi dépaysés que des Peaux-Rouges
dans nos villes modernes, qui étalent, sans que personne les en ait
priés, leur nudité lourde ou grêle, ou leurs draperies classique-
ment collées avec cette variété et ce pittoresque que comporte
l'arrangement d'actes notariés. Pour comble de laideur et de
misère, l'inclémence des saisons les balafre de longues taches
noirâtres. Parfois elles semblent comme de grosses larmes sorties
de leurs yeux vides, ou, si l'on pouvait lire une expression quelconque, ce serait celle de l'étonnement où se trouvent ces
larves d'un monde enterré, d'être ainsi réintégrées à la lumière
par les inexplicables descendants de ceux qui ont mis des siècles
à le renverser.

Il faut bien avouer aussi que la sagacité et la patience des sculp-
teurs sont mises à de rudes épreuves. Je saisis dans le livret ces
deux sujets : la *Prévoyance administrative,* la *Prudence protégeant
le travail.* Il est certain qu'à choisir entre un pareil galimatias et
une Vénus et un Apollon, il n'y a pas à hésiter. Autrefois, dans des
temps reculés et barbares, stigmatisés par les Michelet et consorts,
il y avait des anges protégeant les cités, des saints ennoblissant
le travail par leur exemple, mille sujets ou légendes poétiques se
prêtant à toutes les allusions, à tous les besoins de notre vie mu-
nicipale et privée ; mais tout cela était bon dans un temps où les
villes ne jouissaient d'aucune sécurité, tandis qu'à présent le

génie de la civilisation moderne...; finissez la phrase comme vous voudrez, et oubliez la Commune, si vous pouvez.

Les artistes dont quelques-uns sont très-vivants ne s'accommodent pas toujours de cette immobilité dont la Renaissance, cette tête de Méduse, a frappé le monde, lorsqu'elle l'a de nouveau (j'entends les cris de fureur et suis prêt à y répondre) embrassé de son regard stupéfiant. Ils font des efforts pour sortir de ce sommeil de plomb ; il s'en fait de très-sérieux, et les conditions de cet art sévère empêchent des écarts que la peinture nous montre trop souvent. Un des exemples les plus frappants de l'horreur du convenu se voit dans le S. Jean de M. Lafrance, accentué dans cette tendance qui rappelle Donatello et l'étude de la nature plus qu'autre chose. Sa figure a de l'individualité par tous les bouts. Je n'en comprends guère l'expression étrange, plutôt celle d'un possédé que d'un saint, surtout chez un enfant quel qu'il soit où puisse être un jour. J'aime bien mieux, sous ce rapport de l'expression, Jacob et l'Ange de M. Marqueste : l'ange lui dit : *Laissez-moi aller, car l'aurore commence déjà, Jacob lui répondit : Je ne vous laisserai point aller que vous ne m'ayez béni.* Beau sujet, fortement et poétiquement compris par M. Marqueste; mais lui ne songe point assez à Donatello. L'*Abel suppliant* par M. Montagne a de la souplesse et une grâce émouvante, et la *Judith* de M. Destreez une tournure majestueuse et simple. Parmi les sujets études de nu, il en est de fort remarquables, entre autres *le Rétiaire* de M. Noël, bien que je lui préfère son très-remarquable buste en terre cuite de Mlle ***; l'*Hylas* (encore un *Hylas*) de M. Moreau, et surtout la clef des champs de M. Gautherin. Un travail de ciselure des plus remarquables, dans le genre de Benvenuto Cellini, cette espèce de bravache aussi digne de mépris que d'admiration, est dû au talent très-remarquable, et point remarqué par le jury, de M. Morel Ladeuil. Si une œuvre pareille avait été déterrée quelque part comme une trouvaille du XVIe siècle, elle serait estimée à sa valeur. Une figure d'un mouvement superbe d'expression, dans sa vivacité, dans sa violence sans exagération, est celle du criminel étranglé par le chien vengeur de la mort de son maître, le chien de Montargis. Je ne m'explique pas que cette œuvre horsligne, due à M. Debrie, n'ait pas fixé l'attention du jury.

Les deux bustes remarquables de M. Vitet, dus l'un à M. Leenhoff, l'autre à M. Chapu (c'est ce dernier que je préfère), donnent lieu à une remarque non sans intérêt; la voici : ving artistes de talent auraient fait le même buste, que le même phénomène se serait reproduit à vingt exemplaires ; ils ressembleraient tous au modèle ; différant entre eux de la différence même qui caractériserait leurs auteurs. Si ceux-ci avaient eu à copier la tête d'un animal quelconque, ces différences seraient beaucoup moins sensibles; elles deviendraient insaisissables si le modèle était un caillou ; d'où il suit que plus le modèle s'élève dans l'échelle des êtres et dans celle de l'intelligence, plus l'interprétation en est multiple et variée, et qu'elle l'est dans la proportion même de développement que présente l'intelligence de ceux qui ont à la reproduire, et, chose qui contrarie par-dessus tout ceux qui se disent ou se croient réalistes dans l'acception grossière du mot, c'est que c'est dans ces conditions tout à fait incompréhensibles pour eux que la ressemblance avec la nature est la plus frappante.

Comment leur faire admettre que cette individualité, que cette subjectivité qui constituent le caractère des fortes œuvres en sont aussi à peu près l'unique raison d'être, et que ce fait de l'esprit qui, à travers les phénomènes variables à l'infini, saisit quelque chose de la loi générale et se l'assimile, donne le secret de la fécondité, de la liberté, de la durée, et enfin de la réalité la plus absolue des œuvres d'art?

Ne nous attardons pas trop dans les idées théoriques, et continuons à en chercher l'explication dans les faits et les œuvres (1).

Examinons, avec l'attention qu'il mérite, le groupe animé de M. Bonheur, *Pepin le Bref luttant dans l'arène*. On prétend que la légende est apocryphe : la vérité du groupe n'en existe pas moins. D'autres sujets, qui malheureusement ne sont rien moins qu'apocryphes, ont inspiré des œuvres toutes vibrantes d'une émotion patriotique, et dans lesquelles nous retrouvons nos compatriotes, nos soldats, moins trahis par le talent que par la fortune. Ici c'est le groupe plein de mouvement de M. Gellé, officier en éclaireur; là, la mort du capitaine Mangon de Lalande,

_____

(1) Ne quittons pas les bustes sans nous arrêter devant celui de M. Cochin. Par cette attitude pensive aussi bien que par les traits fort ressemblants, M. Adam Salomon a donné la vie au regretté modèle. Voyons aussi le buste du docteur Gintrac par M. Jonandot. Jamais œil plus scrutateur n'examina le *facies* d'un client de façon à mieux diagnostiquer la maladie. Cette tête respire l'intelligence et la vie.

qui, à la tête des débris du 1ᵉʳ régiment de cuirassiers, tente, après la bataille de Sedan, de percer les lignes ennemies, et enfin la mort du commandant Baroche, bataille du Bourget, 30 octobre 1870. Ce bas-relief remarquable de M. Franceschi figurera dignement dans la chapelle commémorative du Bourget. Malgré les ressources relativement restreintes dont la sculpture dispose pour représenter une action aussi complexe, il ne semble pas qu'on ait rien à regretter en présence de la scène vue d'ensemble et de l'animation particulière à chaque groupe. Le plus important de tous et au premier plan reçoit le commandant qui tombe blessé à mort. Son attitude est aussi navrante d'expression, aussi simplement dramatique qu'on se la peut figurer. Les autres groupes, qui jusque dans le lointain continuent la lutte avec acharnement, montrent une variété de pose, une vérité d'action qui, se joignant à l'intérêt du sujet, en font une des œuvres remarquables de l'exposition de cette année.

Il ne serait pas juste de ne pas donner une place à quelques œuvres exposées dans les galeries des dessins, aquarelles et pastels. Dans les premiers nous trouvons un triptyque dû au crayon de M. Bayard. Le titre est le même que celui du groupe de M. Mercié. L'idée, qui est la même aussi, est développée dans la variété multiple des épisodes que comportait le sujet traité par le dessin. Malgré quelque confusion inévitable peut-être, il y a de grandes qualités de composition et de mouvement. M. Flandrin a exposé trois croquis, dont l'un surtout d'après Mlle *** est d'une grande beauté. Qu'il faille en attribuer une grande part au modèle, le mérite de M. Paul Flandrin n'en est point diminué. Beau portrait d'Aubert au pastel, par M. Jurien, avec une précision, un fini qui est une difficulté du genre. M. l'abbé de Bunde, déjà remarqué les années précédentes par ses belles miniatures avec ornements et figures qui rappellent, sans leur être inférieurs, les beaux spécimens que nous ont laissés les manuscrits du moyen âge, n'est point cette année a-dessou de lui-même. Une *Nativité* nous montre les divers épisodes de ce sujet, dont la poésie ne sera jamais épuisée. Personnages et ornements font un ensemble soit par le dessin, soit par la couleur, qui enchante les yeux et satisfait l'esprit. Un dessin au crayon noir fortement modelé rend à merveille un fort beau type de jeune fille. M. Batut en est l'auteur. Nous retrouvons avec plaisir le talent consommé, irréprochable de M. Tourny dans son por-

trait d'homme d'après Albert Durer ; c'est une manière d'aqua
relle disciplinée et précisée par le crayon, de façon à ne rien
laisser de ce que ce genre comporte de hasardeux et d'inachevé
devant un modèle aussi complétement arrêté. Enfin un magni-
fique et très-considérable travail nous montre le *Latran au moyen
âge.* Le jury a accordé une première médaille à M. Rohaut de
Fleury, et je ne crois pas que personne conteste qu'elle puisse
être accordée à meilleurs titres.

RÉSUMÉ GÉNÉRAL

Malgré sa longueur, cette revue garde probablement bien des
lacunes. Vis-à-vis d'œuvres si nombreuses, si complexes, la
tâche est difficile, et demanderait un temps plus long que la
durée de l'exposition. J'ai fait le moins mal que j'ai pu, tâchant
du moins d'éviter un côté fâcheux qui caractérise trop souvent
ces sortes de critiques. On se demande comment des écrivains,
des jeunes gens souvent sans autre mission que celle qu'ils se
sont donnée eux-mêmes, et que ne justifie nulle étude sérieuse,
nulle connaissance particulière des matières qu'ils ont à traiter,
peuvent parler des tableaux exposés sur un ton que la plus
élémentaire politesse ne leur permettrait point de prendre si
leur auteur était présent. Les artistes peuvent répondre, dit-on,
et moi je réponds carrément : cela n'est pas vrai. C'est vrai pour
des lettrés qui se jugent entre eux et qui combattent sur le même
terrain et avec les mêmes armes. Vis-à-vis des artistes, la partie
n'est pas égale, et la confrérie des feuilletonistes, afin de défendre
les droits sacrés de la critique, tombera tout entière avec une
touchante générosité sur un récalcitrant isolé et peu habitué à se
servir de la plume. Certaines attaques au début d'une carrière
peuvent la compromettre ; à son déclin, elles sont autre chose
que compromettantes, elles sont une mauvaise action. Qui ne
se rappelle la mort de Gros et les causes qui l'ont amenée. Il
avait exposé en 1834 un Hercule et Diomède ; ce tableau
n'était pas de beaucoup inférieur au plafond si vanté de Sainte-
Geneviève et à d'autres œuvres de l'auteur. Ce n'était pas tant
lui qui avait changé que le public. Ce changement lui fut révélé
par des articles de journaux ne conservant aucune mesure ni
dans le fond ni dans la forme. Le vieil artiste ne pouvait et ne

devait comprendre la nouvelle et douloureuse situation qui lui était faite; l'amertume du présent lui parut insulter d'une façon si cruelle à son passé glorieux, qu'il se tua de désespoir.

Il est très-facile de dire qu'il a manqué de force : en ont-ils montré beaucoup ceux qui ont insulté cet illustre vieillard, seul contre eux tous? Nul n'a le droit de faire taire la critique ni même d'en attendre la justice, c'est vrai; mais tous ont le droit d'attendre d'elle qu'elle les respecte en se respectant elle-même.

Ceci étant dit, il s'agit maintenant de conclure et de répondre aux questions que peut faire naître ce que nous avons écrit d'une manière spéciale sur l'exposition de 1874 et d'une manière générale sur l'état de l'art contemporain. Quel est-il précisément? étant ce qu'il est, que doit-il devenir? ou autrement, les conditions au milieu desquelles il vit aujourd'hui, sont-elles favorables ou défavorables? peuvent être elles modifiées? et dans quel sens serait-il désirable qu'elles le fussent. A un programme aussi étendu, je ne puis donner que des réponses brèves, dont plusieurs ont certainement été pressenties au courant de cet article.

Quant à l'état présent des arts, et bien que la peinture nous occupe spécialement, je crois que la même observation peut s'appliquer à tous; on peut dire qu'un grand courant les emporte du même côté. Bien qu'il se ramifie en une infinité de ruisseaux plus ou moins larges, plus ou moins troubles qui font lit à part, il n'y a pas une de ces divergences qui ne soit l'opposé de la peinture à laquelle préside, au premier chef la pensée et surtout la pensée religieuse. L'élément, jadis inspirateur au plus haut degré, est considéré comme le dernier aujourd'hui. J'ai déjà dit comment les artistes ne faisant en cela que refléter les idées du milieu qui les entoure, ne trouvant rien ni personne qui les encourage à lutter contre lui, ou succombent en route, ou emploient leur activité sur les voies nombreuses où les honneurs, les encouragements ou *la faculté de pouvoir vivre*, il faut appeler chaque chose par son nom, leur sont promis et donnés. Il serait certainement désirable qu'il y eût un contre-poids à cet entraînement général, mais par qui et comment? L'initiative privée est nulle. Celle du clergé, qui pendant les plus grands siècles a été si féconde et si puissante, n'existe plus, et rien ne prouve qu'il la regrette et qu'il soit capable ou soucieux de la reprendre. Il ne manque pas de bonnes raisons pour expliquer son attitude. Je les connais, mais veut-il permettre à quelqu'un qui n'est pas un ennemi de lui dire que, aussi longtemps qu'il encouragera par son exemple la vente et par conséquent la production de ces images indignes et ridicules qu'il place ou qu'il tolère partout, aussi longtemps que dans les séminaires nulle place ne sera faite à l'histoire de l'art, au grand rôle qu'il a joué et qu'il devrait jouer encore dans l'église, toutes les raisons qu'il pourra donner seront considérées comme nulles.

C'est grâce à cette annulation, d'abord volontaire, ensuite forcée de propagateurs et protecteurs naturels de l'art consacré aux sujets religieux, que l'État, que les municipalités se sont emparés d'un rôle laissé vacant. Comment est-il rempli? Comment? regardez les monuments publics, les commandes officielles, les églises, et la réponse n'est que trop facile. A peu d'exceptions près, les œuvres les plus inférieures sont celles-ci : il règne à poste fixe dans ces hautes régions ce genre d'infaillibilité grâce auquel les maris trompés sont toujours les derniers à apprendre ce que tout le monde sait, quand ils l'apprennent, grâce auquel aussi le mot de Beaumarchais est toujours vrai : « Il fallait un mathématicien, c'est un danseur qu'on a choisi. » Il se fait de tels choix et de telles œuvres, qu'ils justifient une parole plus verte encore : « Pour peindre dans les églises, il ne suffit pas d'être sans talent, il faut encore être athée. » N'avons-nous pas vu ce fait étrange d'un protestant bureaucrate renforcé et fort mince architecte, qui pendant vingt ans a eu la haute main sur tout ce qui se faisait dans les églises de Paris? Il n'y a vraiment rien de plus comique, sinon de plus révoltant, qu'un état de choses constitué de telle sorte que ceux qui se chargent entre eux d'une façon ou de l'autre de bâtir, d'agencer, de peindre nos églises, sont ceux-là mêmes qui n'y mettent jamais les pieds. Mais qui trompe-t-on ici? Mais de quel droit, libres-penseurs, protestants, athées, païens de toutes sortes, à qui le génie ne fait pas des révélations au delà de vos croyances, venez-vous nous dire, à nous chrétiens : Messieurs, vous êtes des mineurs, de vrais enfants? Nous ne venons dans vos églises, quand nous y venons, que pour être baptisés, et enterrés après qu'elles nous ont enrichis; tout ce qu'on y fait n'a aucun sens, et c'est pour cela que nous sommes chargés de vous l'interpréter. Oui, nous avons d'autant plus de droit naturel et de supériorité acquise pour agir ainsi, que de tout ce qui s'y pratique, s'y croit

où s'y enseigne, nous ne pratiquons rien et ne croyons pas un
mot. Si les chrétiens se laissent tout faire, tant pis pour eux
Cette humiliation, ils la mériteront aussi longtemps qu'ils la sup-
porteront sans protester, rien dire ni tenter qui puisse amener,
ou imposer, dans les directions, les commissions, les ministères,
cette simple réflexion; mais nous ne pouvons cependant pas tout
oser, mais nous ne sommes pas libres d'inventer des sujets, de
tracer des programmes, et, pour les faire exécuter, de procéder
par voix d'exclusions ou de préférences dont les unes ne sont pas
plus motivées que les autres. Les fonds de l'État, qui en somme
sont ceux des citoyens, ne se donnent point avec ces grands airs
de faveur, de mystère qui, de la part de ceux qui en sont l'objet,
impliquent une reconnaissance particulière, laquelle n'est que la
négation des droits de tous, oui, de tous ceux qui peuvent appor-
ter certaines preuves devant les assimiler aux agrégés de facul-
tés, en dehors desquels vous n'avez pas le droit de choisir, pas
plus que vous n'avez celui de les exclure. Nous le disons net
comme nous l'avons déjà dit, il y a quelques années : il n'y
a là d'autre règle que celle du bon plaisir; et ici la bonne
volonté, pas plus que l'honorabilité des gens, n'est en question;
mais il faut vraiment qu'il s'agisse d'une question qui intéresse
aussi peu que celle des beaux-arts, pour qu'il soit besoin de rappeler, 1° que les responsabilités sans contrôle sont trop lourdes
et trop sujettes à faire fausse route; 2° que l'accession aux commandes de l'État doit être ouverte à tous, et qu'on ne s'explique
pas pourquoi là, uniquement là, il serait permis de se dispenser
des notions les plus élémentaires du sens commun et de la justice
qui, *dans toutes les autres branches des connaissances humaines,
ouvrent des concours à tous, qui imposent des épreuves et font
juger les concurrents par leurs pairs.*

Mais n'insistons pas davantage, car tout le monde sera de
notre avis, et les choses continueront après comme avant; du
moins il n'est pas raisonnable de craindre qu'elles puissent em-
pirer (1). En présence de cet état de choses, il est assez naturel
que la plupart des artistes se sentent peu entraînés vers la seule
route qui mène à la grande peinture et laquelle s'ouvre par un

(1) Il va sans dire que ce qui précède sera traduit dans un certain monde par cette
niaiserie : « Le billet de confession sera exigible comme brevet de capacité. » Non,
messeigneurs, le billet de confession n'est pas plus que la profession d'athéisme un
brevet de capacité, ouvrez des concours, et si c'est un Turc ou un Chinois qui a
fait le meilleur, choisissez-le sans hésiter, personne n'y pourra trouver à redire.

portique sur lequel ils croient lire, comme à la porte de l'enfer
du Dante :

Lasciate ogni speranza voi ch'ntrate.

Les plus dignes ou les plus courageux sont sûrs de tomber
épuisés sur la route, dût Virgile les conduire, et Béatrix les
attendre.

Ce qu'ils peuvent avoir d'activité saine, d'amour de l'art dans
le cœur, et beaucoup en ont, nous l'avons vu, va se disséminer
en menues monnaies sur des voies plus fructueuses dont l'entrée
est libre et ne coûte rien à la dignité de personne. Je serai le
dernier à dire que la poésie, chassée ailleurs, n'a pas su là se faire
une place. Elle s'est emparée du paysage et lui imprime je ne
sais quoi de vif ou de tendre, un accent d'intimité pénétrante avec
la vraie, la grande, la libre nature. Sans dire que les anciens
paysagistes sont peu de chose à côté, ce qui n'a aucun sens, il ne
faut pas nier l'évidence; il y a là un vrai progrès et comme caractère et comme couleur. La peinture des scènes rustiques et fami-
lières a pour ainsi dire été inaugurée de nos jours, et bien souvent
avec un rare éclat, avec une grâce pleine de naturel; cette vie des
champs, de nos champs français, avec nos mœurs chrétiennes
et françaises, vient de nous être pour ainsi dire révélée.

Et les fruits sans Pomone osent enfin mûrir;

quand ce ne serait là qu'une tangente pour échapper à ce cercle
monotone et vicieux (qu'on me pardonne l'expression) des ren-
gaînes païennes et classiques pour lesquelles j'ai laissé entrevoir
mon antipathie, il y aurait ce qu'il faudrait, et au delà, pour faire
excuser les audaces les plus singulières. On peut dire que non-
seulement les sujets précédents, mais que tous à peu de chose
près, en dehors de la peinture murale et religieuse, ont bénéficié
des forces que celle-ci absorbait à son profit. Ces forces vives
existent; vont-elles, en s'écartant de leur source première, se dis-
perser de plus en plus, et, après de beaux ombrages laissés sur
leurs rives, disparaître sous des sables stériles? il faudrait, disent
les uns selon l'erreur commune à notre pays, il faudrait un
homme qui dirigeât toutes ces forces éparses, et qui, sans chercher à leur faire remonter le courant, ce qui est folie, sût les conduire et leur tracer un lit. Eh bien! non, ce n'est pas un homme

qu'il faut : les grands hommes dont les noms se présentent à toutes les mémoires ne sont point des chefs d'école, pas le moins du monde, ils en sont les produits ; où sont donc les élèves de Raphaël, de Léonard, de Michel-Ange ? Ce sont les grands courants d'idée et de vie dans une nation qui font les écoles durables et fécondes et les caractères hors ligne, mais ce ne sont point ceux-ci qui font celles-là.

Oui ou non, Raphaël est-il le fondateur de l'école ombrienne ou son dernier représentant, ainsi des autres. Tant que l'idée a vie, l'école et l'inspiration avec. Un moment est venu où l'inoculation d'un autre sang a été saluée comme le commencement d'une ère nouvelle. Mais le virus qu'il portait en lui n'a pas tardé d'éclore, et il a tout stérilisé à la fois ; et les ulcères de vice et de laideur qui parurent alors durent encore aujourd'hui.

Mais, disent quelques-uns, ne voyez-vous pas dans ce chaos apparent les symptômes précurseurs d'un réveil ? Cette jeune école est pleine de séve, et c'est encore elle malgré tout qui porte le plus haut son drapeau. Elle est vaillante ; elle cherche ; elle étudie de près la nature où sont ensevelis les secrets de toutes choses. Qui vous dit que l'artiste, ce chercheur, ce lutteur, ne ressemble pas à Antée, et qu'après chaque défaite, qui le jette par terre, il ne se relève pas plus fort pour avoir touché le sein de sa mère ? Il a de nouveau porté à ses lèvres desséchées ce lait, ce suc nourricier de l'*alma mater* sans lequel les plus puissants cerveaux, comme les plus vastes systèmes, finissent par s'épuiser. Qui vous dit qu'à force de recherches, d'admiration surtout au milieu de cette création dont les formes infinies, les harmonies inénarrables lui révèlent les lois, grâce à un mode d'intuition qui lui est propre, qui est en dehors et au delà des calculs et des chiffres, qui vous dit qu'il ne finira pas par lire clairement quelque part le nom d'auteur, le nom du plus grand des maîtres qui s'est signé partout ? Alors, enrichi de conquêtes nouvelles, d'une science accrue et de l'inspiration retrouvée à sa source, l'art s'élèvera de nouveau à une synthèse plus puissante et plus féconde que jamais.

Et pourquoi les choses n'arriveraient-elles pas ainsi ? De quel droit ces larmoyants de l'antiquité défunte, ces fossoyeurs avant terme du christianisme qui refuse net d'être enterré vif, se pressent-ils de dire : Tu n'iras pas plus loin, à cet océan de passions, de sentiments, de douleurs, de croyances après tout, qui n'a pas cessé de soulever les poitrines humaines ? Ah ! vous pensez qu'ils sont arrêtés, qu'ils sont fixés, ces flots qui portent l'art et la poésie ? Vous le pensez parce que vous ne les sentez plus. Vous prenez à la lettre cette phrase dont l'immense ridicule n'a d'égal que l'amertume : *Tout est dit : depuis deux mille ans l'on vient trop tard.*

Jésus-Christ est venu trop tard, il n'avait rien à nous dire : ce n'était pas la peine. Trop tard aussi les grands génies qui resplendissent dans l'histoire de ces deux mille années. Trop tard les saints, les artistes, les poëtes, les savants, les chercheurs de mondes, trop tard tous, puisque César est mort et Jupiter déchu. Ne vous en déplaise, ô grand la Bruyère, un des plus grands dans le grand siècle, votre théorie des peuples morts-nés, tracée de cette plume dont les moindres traits vous donnent un démenti, a beau avoir été répétée, ressassée, à des milliers de sottises et d'exemplaires depuis deux siècles, elle n'en est pas moins le plus monstrueux blasphème qui jamais ait été jeté à la face du Créateur. Ceux qui nient Dieu n'ont jamais tant osé.

Si ces derniers finissent par prévaloir, comme l'affirment des prophètes de malheur à qui des faits trop nombreux donnent une apparence de raison ; si les doctrines positivistes dont les résultats visibles et déjà terrifiants feraient horreur à ceux-là même qui les ont semées, finissent par promener leur niveau égalitaire sur le troupeau de castors, que le genre humain sera devenu ; le monde de la pensée, de l'esprit dominant la matière, est fini. Nous n'avons plus qu'à saluer les dernières lueurs de l'idéal, qui, après avoir quitté une à une les plus hautes cimes, flottent encore dans l'atmosphère, soutenant leur dernière lutte avec une nuit qui n'aura plus d'aurore, et dussions-nous être seul, ce qui n'est pas, nous répéterons *quand même* ce mot d'un poëte inconnu :

> Écrasé, non soumis, nous gardons la fierté
> Et notre foi, malgré les batailles perdues,
> Étant de ces vaincus qui croient à la beauté
> Des causes qu'ils ont défendues.

L. JANMOT.

www.ingramcontent.com/pod-product-compliance
Ingram Content Group UK Ltd.
Pitfield, Milton Keynes, MK11 3LW, UK
UKHW021626090726
13657UKWH00004B/1507